装　丁　中島寛子
イラスト　木下綾乃

おむつなし育児

あなたにもできる赤ちゃんとのナチュラル・コミュニケーション

クリスティン・グロスロー
和田知代 訳

柏書房

この本を、私の3人の「おむつなし赤ちゃん」、
ベンジャミンとダニエルとミアにささげます。
あなたたちがこの世に生まれた瞬間から、私の心を開いてくれて、
赤ちゃんたちと子どもたちの声を聴くことの大切さを
教えてくれたことに感謝して。

おむつなし育児　目次

6

動き始めた赤ちゃんとのおむつなし育児 ……生後8～12ヵ月期……217

7

歩き始めた赤ちゃんとのおむつなし育児 ……生後12～24ヵ月期……258

8 最後のハードルとおむつからの卒業

9

特別な事情をかかえている方のためのおむつなし育児　303

●排泄のサインについて●

本文中で「排泄のサイン」という言葉が繰り返し出てきます。この「サイン」という言葉は発達段階で内容が異なってきますので、少し注意が必要です。「生後〜6ヶ月頃」までの、赤ちゃんがあまり動かない時期の排泄のサイン（泣く・モゾモゾする・様子が変わる等）は、「膀胱がオシッコでいっぱいになった時」などにイライラして示す「自然な生理的反応」であるケースがほとんどです。そしてこの生理的反応は、あまり動かないでいる新生児期の方がわかりやすい傾向にあります。

赤ちゃんが成長して寝返りを打ったり、ハイハイするようになって体の動きが激しくなると、この「排泄の生理的反応」はわかりにくくなっていきます。そして心身がさらに成長する1歳過ぎ頃になると、「おむつなし育児」を実践してきた親や養育者に、「排泄の欲求」を理解してもらえる体験を重ねてきた赤ちゃんは、今度は「生理的反応」というよりも、「排泄したいことを周囲に伝えたい」という意思を伴ったサイン（「オシッコ」のような発声をする・股間をさわる・おまるやおむつをさわる・トイレの方を見つめる…等）をするようになります。

ただ、これらのサインについては、わかりにくい赤ちゃんも多く、「なんとなく排泄しそうなタイミング」でさせているご家庭も多くあります。いずれにせよ、リラックスしておむつなし育児を楽しむためには、あまり「サイン」という言葉にこだわりすぎないことがポイントです。

（訳者補足）

寄稿

大切な忘れもの

三砂ちづる

この近代消費社会にあって、私たちは多くを失い、多くを忘れながら生きている。それは仕方のないことである。私たちの暮らしは、世界の中に、あるいは一国の中に多くの格差を抱えているとはいえ、基本的には理不尽な差別をゆるさず、ひとりひとりのいのちと生き方が尊重される方向に、ゆっくりと、しかし確かに歩を進めている。その途上に、整った上下水道や、便利な家電機器や、快適な住環境や、医療サービスの整備などがあり、著者の国、アメリカも、私たちの住まう国、日本もおおむねそういったことは手を伸ばせば届くところにあるようになった。その新しい暮らし方、住まい方、生き方にしっかりと遅れないようについていくためには、消費拡大を核とした経済活動が必須である。簡単にいえば、たくさんのものをどんどん買い求めながら、効率とスピードを求めることが必要になる。それは基本的には楽しいことであったから、だから、仕方のないことだった。多くのことを忘れ、失ってしまうことも。

「おむつなし育児」はそういう忘れもののひとつである、と思う。世界の、経済発展がいまだ遅れている、といわれている国々では、今もほとんどの赤ちゃんの排泄は、おむつに頼ることなく、周囲の大人やちょっと大きくなった子どもによって感知され、「シーシー」「ウーン」とかけ声をかけられながら、「ささげられて」行なわれているのである。大量消費を中心とした生活が進むにつれ（もう一度いうが、それは、基本的に楽しいことである、と認識されている）、商品に囲まれた親にお世話される赤ちゃんは、紙おむつの中に排泄することを学ぶことになる。いったん学んだおむつの中への排泄の習慣を、全く異なるやり方であるトイレでの排泄習慣にシフトさせるために、3歳になった子どもも、その親も、大奮闘しなければならない。それがトイレット・トレーニング、とよばれているもので、その時期はアメリカでも日本でもどんどん遅くなってきている。もちろん子どもにしてみれば、生まれてからの数年間ずっと、自らの排泄物がお尻にくっついている、という不快を、不快と思わないように、自らを訓練してくる必要もあったのである。それはおかしいのではないか？　「おむつなし育児」の提案はそういう疑問から始まっている。

ではいったいどうやってやるのか。いつからやるのか、誰にでもできるのか。そういう素朴な疑問に丁寧に答えるため、消費大国アメリカにあって、子どもとそのお母さんたちへの深い愛情をこめて書かれたのが、この本である。

トレーニングではない、という言葉が幾度も出てくる。これはトイレット・トレーニングの本ではない。〝オール・オア・ナッシング〟(やるかやらないかのどちらか)ではない、ともいう。つまり完璧にやらなければできないもの、ではない、ともいう。では「おむつなし育児」とはいったい何で、どうやったらいいのか。クリスティンさんはわかりやすい言葉で一つ一つ説明していく。

「おむつなし」で育っている、ある赤ちゃんと、上の子どもたちとの関わりのくだりでは思わず涙ぐんでしまった。4人の子どもたちがそれぞれに一番小さな赤ちゃんの排泄のサインを受け止め、楽しんでいる。赤ちゃんってすごい。子どもってすばらしい。幼い人たちを、何もわかっていない、というふうに扱ってはいけないのだ、という当たり前のことがおむつなし育児を通してはっきりと見えてくる。

この本の著者、クリスティンさんと初めて出会ったのは、2008年11月に津田塾大学で行なったトヨタ財団助成研究「赤ちゃんにおむつはいらない—失われた身体技法を求めて」の研究報告会だった。私たちはトヨタ財団の「くらしといのちの豊かさを求めて」というすてきなテーマに触発されて研究を始めたのだが、これはもとより、何か新しいものを「発見する」という性質のものではなく、「昔は誰でもやっていたけれど近代化のプロセスとともに葬り去られてしまった、人間がより生き生きと生きるために必要なことをとりもどす」、ということだった。

クリスティンさんはこの報告会にお子さんとご一緒においでになっていて、秋晴れの1日、おむつなし育児の楽しさを分かち合っているお母さんたちに、それは生き生きと流暢な日本語で自らの経験をお話し下さった。研究チームの、保育士であり母子保健専門家でもある和田知代さんがこの本を大変気に入っていて、いつか日本の読者に届けたい、と希望していた。この報告会でクリスティンさんと和田さんが出会われたことをきっかけに、この本を訳すプロジェクトが立ち上がった。保育事情、アメリカ生活、海外の母子保健状況にも明るい和田さんの読みやすい訳でこの本が届けられることを、本当にうれしく思う。また、研究チームは日本のお母さんたちのおむつなし育児を追ってきたが、そこでお母さんたちが述べておられること、言葉の使い方などが、本書の翻訳に生かされ、より、理解しやすいものになっている。

クリスティンさんの愛にあふれたこの本を、どうぞごゆっくりお楽しみ下さい。

日本語版へのまえがき

日本のみなさんに、この『おむつなし育児（*The Diaper-Free Baby*）』の日本語版を読んでいただけることを、とても幸せに思います。それは日本という国が、私にとって、とても特別な国だからです。過去20年の間に、この国で暮らしたり、何度も訪れたりするうち、いつしか日本という国は、私の第二の故郷のようになっていきました。私と夫は日本で出会い、私の3番目の子どもは日本で生まれ、上の2人の息子たちは今、日本の学校に通っています。

そして何より、私が初めて「おむつなし育児」を目撃したのが、ここ日本なのです！ 90年代の終わりに私は留学生として、岐阜県の日本人家庭にホームステイしていました。その頃私は、まだ母親になっていませんでしたが、岐阜県での「おむつなし育児目撃体験」がとても印象深く私の中に残って、後に自分の最初の子どもができた時、「おむつなし育児」にトライしてみる勇気と自信を与えてくれたのでした。もしもあの時、「おむつなし育児」を実際にこの目で見ていなかったら、「おむつなし育児なんて、何をバカげたこと言ってるの！」と、今頃、笑って聞き流していただろうと思います。

物質的に豊かになり、使い捨ておむつの使用が当たり前になった現代社会において、昔から行なわれてきた「おむつなし育児」の知恵を、私たちは失ってしまいました。しかしこの現代社会においてこそ私は、「おむつなし育児」の素晴らしさをあらためて伝えたいと思うのです。最近では、親になった人々の中に、「排泄」を通じて赤ちゃんと深く通じ合いたい、紙おむつ代は節約したい、紙おむつのゴミを減らして地球環境を守りたい……と考える人々が増えてきていると思います。この「おむつなし育児」は、そんな人々が求めるところとまさに一致するのです。

私は「おむつなし育児」が正しいということに、100％の自信を持っています。なぜなら、子どもとしっかり向き合って、寄り添って、子どもの体や心の声をよく聴いてあげることが、「おむつなし育児」の真髄だからです。そして私たち親は、「おむつなし育児」を通じて子どもと深くつながることで、子育ての本質的な喜びを味わうことができるのです。

今後、「おむつなし育児」を実践する人々が増えていけば、私たちが失ってきた古来の子育ての知恵を、より早く取り戻していくことが可能になるでしょう。その結果、自然の一部である私たち人間も、自然が求めていた本来のやり方で、本当の意味での幸せな子育てをすることができるようになるのです。

私は、日本に昔から伝わる伝統的な子育ての方法や、赤ちゃんと子どもを大切にする日本の文化にとても心動かされ、強い影響を受けてきました。だからこそ、今、「おむつなし育児」の方法を日本のみなさんと共にわかちあえることを、とても幸せに思っています。

日本語版刊行にあたって、巻頭の文をお寄せいただいた津田塾大学の三砂ちづる教授、本文中で布おむつやホーロー製おまるなど、日本の「おむつなし育児」グッズに関する情報をくださった訳者・和田和代さんに感謝を申しあげます。ありがとうございました。

クリスティン・グロスロー

2009年4月

はじめに

NPO「おむつなし赤ちゃん（DiaperFreeBaby™）」共同創設者
メリンダ・ルースティン　＆　ラケル・ミルグルーム

私たち2人が母親になった頃は、他の多くのご家庭と同じように、「……これから何年もの間、私たちもおむつを替え続けるのね……」と思ったものでした。

ただ、そんな中でもメリンダは、自分の生後1週間の子が「オシッコ・ウンチ」をしたそうな様子を見せた時に、一瞬、「今、この子を、トイレでさせてみたらどうかしら……」と思ったことがあります。でも次の瞬間には「そんな考えはバカげているわ。だってそんなことした人、見たことないじゃない……」と考え直し、先ほど心をよぎった思いを封じ込めてしまいました。

ラケルは、「子どもはトイレで排泄できるようになるために、早い時期から親がサポートしてあげることが必要だわ」という考えの持ち主でした。しかし彼女にとっての「早い時期」とは、1歳前後のことで、それより早い時期に始めるなんて不可能だし、もしもそんなことをしたら、家の中が赤ちゃんの排泄物で大変なことになる……と思っていました。

そんな私たちでしたが、おむつなし育児を実践した他のご家庭のお母さん・お父さんたちに励まされて、「赤ちゃんには24時間おむつが必要」という「常識」から、やっと離れてみる気になったのです。そのお母さん・お父さんたちは、私たちにこう言いました。

「人間の赤ちゃんは生まれつき、排泄の欲求を伝える能力を持っているのです。そして、赤ちゃんをおまるやトイレにささげるのは、私たち親にとっても、とても楽しい時間になるのですよ！」

世界の約半数の子どもたちは、1歳の終わりまでにはおむつがはずれていると言われています。しかし、私たちの暮らすアメリカ社会では、3歳や4歳になってもおむつがはずれない子が少なくありません。

私たちが実際にトライしてみて、「おむつなし育児」は親の仕事のスタイルや子育てのスタイルといったものに関係なく、誰にでも実践できるのだということがわかりました。ここで言う、「おむつなし育児」とは、「おむつを全く使わない子育て」という意味ではなく、赤ちゃんの排泄サインやパターンを感じ取ったり読み取ったりして、なるべくおむつの外（おまるやトイレなど）でオシッコ・ウンチをさせる育児方法のことです。アメリカでは、「排泄コミュニケーション（Elimination Communication: EC）」や、「おむつなし（Diaper-free）育児法」という名前で呼ばれています。

私たちが提唱する「おむつなし育児」は、1週間に数回でも、1日に何度でも、また、赤ちゃんを世話するのが1人の決まった人の場合でも、いろんな人が世話をする場合でも、さらには始める時期が生後間もなくでも、生後数カ月でも、実践することが可能なのです。

私たちはまた、自分たちの経験を通じて、赤ちゃんに24時間おむつをあてている社会での「赤ちゃんの排泄やおむつに関する人々の思い込み」を変えるためには、それなりのサポートが必要なのだということも学びました。

「赤ちゃんは排泄の欲求についてちゃんとわかっており、さらにはそれを周囲に伝える能力も持っている」ということをいったん理解してしまえば、赤ちゃんにおまるやトイレでオシッコ・ウンチをさせることは「とても理にかなっている」と納得できます。

この本の著者であるクリスティンの、2番目の息子ダニエルとほぼ同時期に、私たちも自分たちの赤ちゃんと「おむつなし育児」をスタートしました。「赤ちゃんとの排泄コミュニケーション」を学びながら、互いに刺激し合い、支え合ってきたのです。他の家族とEメールで頻繁に連絡をとりながら、「おむつなし育児」に関する具体的な方法を学び合い、やがてはそれぞれの地域で「おむつなし育児」を実践する「おむつなし赤ちゃんグループ」を作って活動を始めました。これらグループの人々との関わりを通じて、赤ちゃんが生まれつき持っている能力について学び、赤ちゃんの排泄の欲求を感じ取る親の能力を磨いていったのです。

当時はまだ、「おむつなし育児」が私たちのその後の人生に大きな影響を及ぼすことになろうとは考えもしませんでした。「おむつなし育児」によって私たちの人生がこれほど豊かになり、その経験を社会に紹介するために本を出版することになろうとは、夢にも思っていなかったのです。でもそんな私たちの「他の家族をサポートしたい、私たちの経験をシェアしたい」という願いから、やがて「おむつなし育児」を支援する国際的なNPO「DiaperFreeBaby™（おむつなし赤ちゃん）」が生まれました。このNPOを通じて、子育て中の親同士がつながることができるのは、とてもハッピーなことに違いないという確信はありました。しかし、国際的なメディアまでもが私たちの運動に大きな関心を持ってくれたことには、正直、大変驚きました。

こうして「おむつなし育児」に対する社会の関心が高まり、時満ちて、クリスティンがこの本を書く日がやってきたのです。私たちは「この本によって多くの家族が『おむつなし育児』の素晴らしさについて知り、実践してもらえたらステキだね！」と、胸をワクワクさせています。

著者のクリスティンほど、この本を書くのに最適な人物はいないと言えます。なぜなら彼女は自分自身の3人の赤ちゃんと「おむつなし育児」を経験しており、同時に、彼女はプロの作家として、素晴らしい表現能力を持っているからです。クリスティンは「おむつなし育児」や「子育て全般」に対する深い見識を持った、愛情深くて優しい人です。それ故、私たちが最初の「おむつなし赤ちゃんグループ」を始めた時代から、私たち2人と「おむつなし子育てコミュニティ」全体にとって、クリスティンはなくてはならない存在でした。

「おむつなし赤ちゃん」のサポート・グループ設立をきっかけに始まった社会運動に、クリスティンも深く関わっていきました。この運動の中には、彼女が創設し、その後急激に成長した、ニューヨーク市の「おむつなし赤ちゃんグループ」も含まれます。そんな彼女が書き上げたこの本により、あなたもきっと勇気づけられて、「おむつなし育児」を始められることと思います。

この本の中でクリスティンは専門家として、「おむつなし育児」についての実際のエピソードや、あなたのご家庭で「おむつなし育児」を実践する際に役立つ具体的方法やヒントなどを紹介してくれています。

この本を、いつもあなたの手元に置いておける「おむつなし赤ちゃんサポート・グループ」としてご活用いただき、「おむつなし育児」を通じて、あなたの人生がより素晴らしいものになりますことを、心からお祈りしています。

1 おむつなし育児って何? どうしてそれが赤ちゃんにいいことなの?

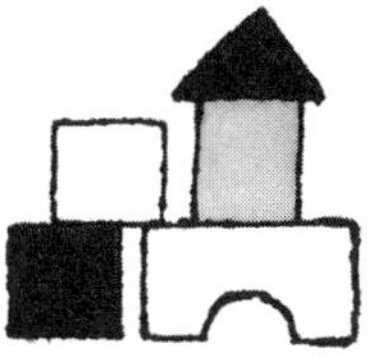

「おむつ」――それは赤ちゃんにとってのシンボルであり、おむつを使わない赤ちゃんなんて、なんだかヘンな感じすらするものです。赤ちゃんから幼児になる頃に、おむつをはずしてあげるのが普通ですよね。幼児の排泄に関するアドバイスの多くは、「2〜3歳になったらおむつをやめて、おまるやトイレでさせましょう」「トイレ・トレーニングは子どもが成長して『準備』ができる時まで待ちましょう」というものです。でもその結果、私たち親は幼児年齢に達した子どもたちのおむつをはずすために、多くのエネルギーを費やして日々闘わなくてはならなくなってしまうのです。もっと子どもが小さかった時期に存在していた貴重なチャンスを逃してしまったばかりに……。

現在のアメリカにおける平均的な「トイレ・トレーニング年齢」は「3歳」となっており、これは過去最高の年齢と言えます。でも、何年もおむつの中だけで排泄し続けることに慣れた子どもたちが、その習慣を変えたがらないというのは、考えてみればもっともなことです。生まれてから、ずっとおむつの中で排泄してきた子どもが、突然おむつの中ですることを禁止されるなんて、子どもにしてみたらなんて奇妙なことでしょう！

信じられないかもしれませんが、私たちの赤ちゃんは、生まれつきおむつの中で排泄することになっているわけではないのです。他の哺乳動物のように、人間の赤ちゃんにも自分自身を排泄物で汚さない本能が備わっているのです。自分の排泄物を体にくっつけたままにしているような状況は、自然なことでもなければ、快適なことでもありません。人間の赤ちゃんも生まれつき、排泄の欲求を感じ取れるようにできています。生まれたばかりの赤ちゃんでさえ、オシッコやウンチをする前や、している最中は、サインを出すものなのです。この本では、**そのようなサインをどうやって読み取り、どうやってそれに応えてあげるか、そして排泄を通じて赤ちゃんとコミュニケーションをとることの喜びについて、**それぞれの家庭の事情に合った方法（1日に1回だけトイレやおまるでさせる〜もっと多くの回数トイレやおまるでさせる）をご紹介します。「おむつなし育児」を通して、赤ちゃんが本来持っている身体感覚を失わないようにしてあげて、赤ちゃんの動物としての基本的ニーズを満たしてあげることは、あなたの赤ちゃんに多くの恩恵をもたらすのです。あなたが受ける恩恵ですか？　まず、「動物としての基本的ニーズ」を満たしてもらってご機嫌な赤ちゃんを育てられるということに加え、おむつを汚される回数が減ることです。それはあなたのお財布にとっても、環境にとっても素晴らしいことでしょう！

赤ちゃんや幼児に当たり前のようにおむつをつけて、汚れた後の世話をした経験のある人なら誰でも、「人間の赤ちゃんにも、自分自身を排泄物で汚さない本能が備わっている」と聞いても、「そんなバカな……」と納得できない気持ちになるでしょう。生後数週間の赤ちゃんのおむつを開けたとたんに、オシッコやウンチをされてしまうということは、みなさん経験があることだと思います。赤ちゃんの世話をしていれば、よく起こりますよね。でも、このようなことは、赤ちゃんが成長するにつれ、どんどん少なくなっていきます。なぜかって？　それは赤ちゃんにずっとおむつをつけておいて、オシッコやウンチをした後にだけおむつを開けるからです。つまり、生まれた時には「おむつが体にくっついていない時に排泄したい（おむつの外で排泄したい／自分の体を汚物で汚したくない）」という、動物として正しい感覚を持っていた赤ちゃんに対し、私たち大人が、「おむつをトイレとして使うように」としつけたからそうするのです！

ここまで話をすると、「え、じゃあ、なに、おむつは赤ちゃんにとって必需品じゃないっていうこと？　おむつは、めざましい発展を遂げた私たちの文明が生み出した、便利な育児グッズじゃないっていうこと？」と思う人もいるかもしれません。そうですね……もしも私たち大人が、赤ちゃんが生まれて最初の数年の間、おむつの中だけに排泄させているとしたら、多分おむつは、発展した文明の産物でもなんでもない……と言わざるをえません。そして多くの親は、おむつの中にオシッコ・ウンチをするのを教えることと、幼児になったらトイレでさせるのを教えるという、二重の負担を負わされているのです。同時に赤ちゃんにとっても、**「生まれて最初の数年間に、排泄について、2度もやり方を学習しなければならない」**という負担になっているのです。あなたがもしも、一般的な育児書でトイレ・トレーニングの専門家が書いているように「子どもがトイレで排泄できるようになる時」を待っているとすれば、その「待っている間」、あなたはより多くの回数おむつ交換をし、より多くのおむつやおむつ使用に必要なその他諸々の物（ウエットティッシュなど）を購入しなければならないのです。もしもあなたの赤ちゃんが3歳くらいでトイレ・トレーニングを開始するなら、それまでの間に、平均的に言って、約9000回のおむつ交換をすることになります。それに必要なおむつの値段を計算すると、約3000ドル（1ドル＝100円で計算すると、約30万円）の支出になるのです。もちろんこの値段には、お尻を拭くためのウエットティッシュなどは含まれていません。ニューヨークタイムズに載った「排泄コミュニケーション」の記事によれば、アメリカでは、毎年220億枚の紙おむつが、ゴミ処分場に埋められているということです！

もちろん、あなたのお子さんに、「2、3歳になってからの一般的なトイレ・トレーニング」をしてもよいのです。しかしそれには、数えきれないデメリットがあるということは、わかっておくべきだと思います。例えば、おむつの中での排泄を続けることで、体の筋肉を正しく使ってオシッコをためておくことがうまくできなくなります。もちろん、ずっとおむつの中に排泄してきたお子さんの中にも、「オシッコ・ウンチ」をコントロールする身体感覚を失わないでいる子もいます。でもお子さんによっては、生まれて以来ずっと「トイレ」として使ってきたおむつをある日突然はずすことを、肉体的・精神的に受け入れられないケースは少なくありません。そんなお子さんは、トイレ・トレーニング中でおむつをはずしていても、オシッコ・ウンチをする前になると、わざわざ「おむつをつけてほしい」と要求する場合もあるのです！ また、お子さんによっては、トイレ・トレーニングに長い時間とエネルギーを必要とするため、大人は、ほめたり、お菓子のごほうびをあげたり、ビデオを見せたり、オシッコすると音の出るおまるを用意するなど、様々な小道具に頼らなければならなくなってしまいます。別のお子さんのケースでは、耐えがたいおむつかぶれの痛みに苦しんだり、おむつ交換時に猛然と抵抗したり、またはおむつをつけ続けることでずっと不愉快な思いをしたりすることもあります。そういったお子さんたちは、おむつや排泄に関して、ネガティブな感覚を持ってしまう可能性すらあるのです。

あなたは多分、そのような事態を避けたいと願って、この本を読んでいらっしゃることと思います。おむつなし育児は、あなたの子育ての考え方や、あなたの財政的、個人的な事情にもフィットするものだと思います。

「赤ちゃんに優しい」もう1つのオプション

あなたのお子さんが、生まれた時からトイレでオシッコ・ウンチをするということにすっかり慣れていれば、心身が発達して1人でトイレに行ける時期が来た時に、「トイレでオシッコ・ウンチをする」ことを「当たり前」と考えて、トイレ・トレーニングはとてもスムーズにいくのです。ごほうびの必要も、大人の奮闘も、子どもの抵抗もかんしゃくもなく、自然に、穏やかに、プレッシャーもなしに、歩けるようになる頃には、あなたのお子さんは1人でトイレやおまるへよちよち歩いていくようになるのです。お腹がすくとキッチンへよちよち歩いていくようになるのと同じです。それは、おむつなし育児を実践した多くの家庭で実際に起こっていることなのです。

おむつなし育児は私たちの先進国社会では失われてしまった育児法ですが、世界の多くの国々では、今でも実践されています。紙おむつが高くて買えない地域では、特にそうです。実際、それらの国々では、私たちがおむつに頼りきっている状況を、逆に不思議に思っているくらいです。「おむつなし育児」ではなく、「おむつに頼りきる育児」の方こそが、近代になって始まった、新しい現象なのです。

アメリカでは、紙おむつが普及し始める前、60年代と70年代頃まで、「より早い時期から始めるトイレ・トレーニング法」というものが行なわれていました。これ以前は、アメリカの多くの子どもたちは、遅くとも2歳までには、おむつがはずれていたのです。おむつなし育児は現在でも、少なくとも世界の75の国・地域で実践されています。その中には、中国、インド、グリーンランド、ロシア、そしてアフリカ大陸の多くの国々、ラテンアメリカやアジアの国々も含まれます。これらの地域の子どもたちは、生まれ持った排泄コントロールの身体感覚を失うことがありません。そして、お母さんや、他の赤ちゃんの世話をする人々は、抱っこしている赤ちゃんの排泄したそうな気配を感じると、自分の体から離して、オシッコやウンチをさせてあげるのです。実際、このような国々で育つ子どもたちは、私たちから見ると、とても早い年齢で排泄の自立が完了します。ある研究によると、世界の子どもの50％が、1歳までに排泄の自立が済んでいるというデータもあります。ニューヨークタイムズの記事によれば、海外の赤ちゃんと養子縁組したアメリカの親たちは、彼らが赤ちゃんを引き取った時、もうすでにトイレでオシッコ・ウンチができるようになっている事実にびっくりするとのことです。これらの統計的なデータを知るにつけ、「トイレ・トレーニングは2歳か3歳になるまで始めてはいけない」という考えは、専門家が作ったよくある「トイレ・トレーニング開始のためのお子さんの『準備状態』チェックリスト」と共に、いかにバカげたことであるかがわかります。

しかし、多くの親にとっては、このような事実を知った後でさえもなお、小さな赤ちゃんがトイレで排泄できるなんていうことを、やっぱり素直に信じられないものです。もしもおむつなし育児が本当に実践できるとして、赤ちゃんが物理的にも精神的にもトイレで排泄できるのが事実だとしても、新しく親になる人々にとっては「おむつなし育児はとっても大変そう」に見えてしまいます。家にはカーペットが敷き詰められ、赤ちゃんを連れて外出する機会も多いし、生後数週間で職場復帰しなければならない親も多く、赤ちゃんはベビーシッターや託児施設や親類に預けなければならない、というのが現実だからです。果たして、現代の先進国社会において、おむつなし育児の実践は可能なのでしょうか？

私はここではっきりと、「**おむつなし育児は現代の先進国社会でも可能です**」と断言します。

もしもあなたがおむつなし育児にトライすれば、間もなくして、あなたと同じようにおむつなし育児に成功した他の親たちに出会うことになるでしょう。この本には実際におむつなし育児にトライした人々の「本当の声」と「豊かな経験」がたくさん詰まっています。この本を通じて、様々な状況に応じたおむつなし育児オプションの中から、あなたのご家庭の状況に最も適した、あなたが最も好むやり方を見つけることができるのです。専業主婦／主夫の方でも、仕事を持っていて長時間赤ちゃんと離れて過ごさなければならない方でも、布おむつを使っていても紙おむつでも、お子さんが生後間もない赤ちゃんでも、生後6カ月、10カ月、あるいは1歳を超えていても、それら全ての状況に応じた方法をこの本の中でご紹介していきます。

おむつなし育児の歴史とサポート・グループ

私たちの社会では、おむつが簡単に手に入って自由に使うことが可能ですが、そうでない国や地域もたくさんあります。そんな国や地域では、おむつなし育児は、今もきわめて普通のこととして行なわれています。実際、欧米でおむつなし育児の普及活動を熱心に進めてきた人々は、おむつなし育児がごく当たり前に行なわれている海外で過ごした際に影響を受けて、「自分でもやってみよう！」と立ち上がった人々なのです。

異文化経験を通じておむつなし育児に出合い、欧米社会の人々に向けての本を書き上げた人々に、ラウリー・バウック、リンダ・ペン（ナティック）、そしてイングリッド・バウアーらがいます。バウアーは赤ちゃんの排泄を「赤ちゃんの自然な衛生（Natural Infant Hygiene）」と呼び、「EC = Elimination Communication（排泄コミュニケーション）」という言葉を生み出しました。バウックは『赤ちゃんのおまるトレーニング（*Infant Potty Training*）』を含む何冊かの本を書き上げ、現在は、ECに関する医学的研究書を共同で執筆中です。バウックは「私は何年もの間、『おむつに100％頼る方法以外に、赤ちゃんの排泄サインを読み取っておまるやトイレでさせる方法もあることを、親に教えてあげるべき』、と主張してきました」と言っています。

彼らによる普及活動の成果もあって、「EC」という言葉は私たち欧米社会において以前よりは知られるようになりました。でも、EC＝おむつなし育児の本当の考え方を理解している親はまだほんの一部です。

しかし、おむつなし育児という言葉が着実に広まりつつあることは事実です。おむつなし育児のサポート・グループに集まる親の数は増え続け、互いに助け合っておむつなし育児を実践しています。これらのサポート・グループに関わっている人々は、とてもモチベーションが高いのです！　このような既存のサポート・グループに加えて、自分自身でおむつなし育児のグループを作り始める人々も出てきています。これらのグループは２００４年に私の２人の友人、メリンダ・ルースティンとラケル・ミルグルームによって設立された素晴らしいＮＰＯ「DiaperFree Baby™（おむつなし赤ちゃん）」の傘下に置かれ、メンバーも飛躍的に増えていっています。設立から2年目の終わりには、アメリカのほぼ全州と海外14の国々に、サポート・グループが誕生し、おむつなし育児を実践する家族が増えていきました。一般の人々やメディアも関心を持ってくれたことで、ＮＰＯ「DiaperFreeBaby™」は今も成長し続けています。

私自身は、初期の頃にメリンダやラケルと、その他友人らと共にサポート・グループに参加したことをきっかけに、おむつなし育児の運動に関わり始めました。毎月のミーティングには、私たちは全員赤ちゃん連れで参加し、おむつなし育児を実践する際の知恵やヒントを教え合いました。これは、本当に豊かな経験でした。おむつなし育児のやり方を模索していた親たちは、みな、自分たちが学んだことや経験を、他の人々に教えるのが大好きなのです。メリンダやラケルのおかげで、おむつなし育児の運動によって作られてきた親たちによる友情の輪を、国中、世界中の親に広めるためのＮＰＯ「DiaperFreeBaby™」が生まれたのです。

私は現在、地域のサポート・グループの「メンター（助言者）」として活動しています。メンターは、日々のおむつなし育児の実践について、親同士が情報交換できるようなグループを主宰しています。このサポート・グループは、「おむつなし育児」という、あまり一般的でないことにチャレンジする人々にとって、とても重要な助けとなります。もしもあなたがおむつなし育児を実践したいのであれば、できれば地域のサポート・グループに入られることをお勧めします。そこであなたは、とってもかわいらしい赤ちゃんが、おまるでオシッコ・ウンチする様子を実際に目にするでしょう。さらに、携帯おまる、股割れズボン、小さな赤ちゃんサイズのトレーニング・パンツなど、たくさんの「現代社会でおむつなし育児を楽に実践するためのグッズ」を紹介されることでしょう。そして、なんといっても、これらグループに参加する最大のメリットは、あなたのような考えを持った、他の親に出会えることなのです！

しかし、お近くにそのようなサポート・グループがない方や、家で自分でやり方を学びたいという方もいらっしゃると思います。そのような方のために、この本を書きました。どうぞこの本を、あなたのための「携帯サポート・グループ」として使って下さい。ここには、子どもの様々な発達段階で「おむつなし育児の旅」を経験した親たちの、貴重な声が詰まっています。そしてもちろん、私自身の経験も、きっとあなたのお役に立てることと思います（日本のサポート・グループについては巻末の「おむつなし育児　お役立ち情報」をご覧下さい）。

私のおむつなし育児の旅

あなたが「赤ちゃんにおまるやトイレでオシッコ・ウンチをさせる」というニュースをマスコミで耳にして、今、この本を読んでいらっしゃるとしたら、それはチャンスです。多分あなたは、「そんなこと、自分には遠い世界の話のようだけれど、なんとなく興味があるし……でも自分に本当にできるのかな」というような複雑な思いでいるのではないかと思います。最初は、みんなそんな感じなのです。私も長男のベンジャミンを妊娠していた時、初めておむつなし育児を耳にしてとても興味をそそられましたが、同時に疑う気持ちで一杯でした。おむつを使っている他の親と同じように、私の当時の興味は、何時間ももれない、最も吸水性のよいおむつを手に入れることでした。そんな折、よその親が「おむつなし育児」というものを実践していると聞いて、正直、ショックを受けました。小さな赤ちゃんがおまるを使うなんて、なんてバカげた奇妙なことをするんだろうと思ったものです。

そんな私ですが、実は自分の子どもが生まれるずっと以前に、日本でおむつなし育児を目撃していたのです！ その頃（90年代の終わり頃）私は留学生として、岐阜県の日本人家庭にホームステイしていました。そしてある日、ホームステイ先のおばあちゃんが生後3カ月の孫を抱きかかえて、洗面器をおまる代わりに「シーシー」とさせているのを目撃したのです！　もう、「ウソでしょ！　ありえない！」という感じで、すごく驚いたことを覚えています。それにもかかわらず、その後、自分に赤ちゃんが生まれても、小さな赤ちゃんにおまるを使うなんてアイデアは、当時の私にはやはり受け入れられないことでした。欧米社会の「トイレ・トレーニングは、2歳か3歳になるまで始めてはいけない」という考えが、私の中にもしっかりと染みついていたのですね。自分の子が新生児だった時、おむつを開けた瞬間にシャーッとオシッコをすることが何度もあったのに、その現象の裏にある「赤ちゃんはできればおむつの中でしたくないと思っている」という事実に気づくことなく、毎日おむつを交換し続け、外出時にはおむつとウエットティッシュで一杯になったバッグを持っていったものでした。

しかし、時間がたつにつれ、私は自分の息子の排泄パターンに気がつくようになっていきました。息子が成長するにつれ、特に午後には、数時間おむつを濡らさないでいることに気がついたのです。午前中の方が、より頻繁におむつを濡らしている様子でした。そして、ウンチをしたい時は、息子自身の様子で明らかにわかるようになっていました。それでも、おむつなし育児について多少は聞いていたのに、私はやっぱり息子におまるでさせる気にはなりませんでした。どうして自分の中でそんなに抵抗があったのかよくわからないのですが、多分「どうせ時間の無駄だし、あまり実用的じゃないし……」という気持ちがあって、そして何より、自分の身近でそれを実践している人を1人も知らなかったからだと思います。結局、私ではなく、私の息子——まだ赤ちゃんの——が、私をおむつなし育児へと導いてくれることになったのです。

ベンジャミンがちょうど1歳を過ぎた頃、私の母（韓国育ち）が、おまるを持ってきてくれました。それに対する私の最初のリアクションは、「余計なことしないでよ！」という完全に否定的なものでした。だって私は、「時代の先端」にいる親であり、年老いた私の母なんかよりも現代の育児方法をよく知っていると信じていたからです。この「よく知っている」ということは、トイレ・トレーニングについての一般的な知識で、「2歳か3歳になるまでトイレ・トレーニングは待つべきで、1歳になったばかりの言葉も話せない赤ちゃんにおまるでさせるなんてとんでもない！」という知識のことでした。早すぎるトイレ・トレーニングは、子どもに心理的トラウマを与えると信じていました。でも私は、おまるを母に返す前に、なぜだかふと、遊び半分で小さなベンジャミンをおまるに座らせてみることにしたのです。おまるはとってもかわいらしくて、ベンジャミンもとても興味をひかれているように見えました。すると……ベンジャミンは、すぐにおまるへオシッコをしたのです！

私はびっくり仰天しました。そして、次の日も、ベンジャミンをおまるに座らせるたびに、おまるでオシッコをするので、さらにびっくりしました。彼は、「本当はおむつの外でオシッコをしたい」ということをわかってもらいたくて、ずっと待っていたんだ、ということを、私はようやく理解したのです。ベンジャミンは私たち周りの大人がトイレを使っているのをずっと観察してきていて、自分も真似したいと思っていたのでしょう。これをきっかけに、私はやっとおむつなし育児に目覚め、関連情報を集めてノートを取り、「遅い月齢で始めた子どもへの方法」を試し、ネットでオンライン・サポートを見つけて色々と取り組んだのです。そうするうち、なんと、ほんの1〜2週間の間に、ベンジャミンはおむつがはずれてしまったのでした。

ただ、ベンジャミンのケースはちょっと特別かもしれません。生まれてからこの月齢になるまで、おむつの中だけにオシッコ・ウンチをし続けてきた子どもが、排泄コントロールの身体感覚を失わずにいたというのは、珍しいことなのです。それ故、ベンジャミンがあまりに幼くして「おむつから卒業」してしまったこのケースを他の人に紹介するのは、ちょっとためらうところがあります。現代アメリカの子どもの平均的年齢よりも、おむつなし育児を実践する子どものおむつが早くとれるのはよくあることです。しかし、それがおむつなし育児の重要ポイントではないので、この旅を始める親がそれを目標にしてほしくないと思います。**他の子どもよりも早くトイレ・トレーニングをするのがポイントではない**のです。おむつなし育児はあくまでコミュニケーションのプロセスであり、結果ではないのです。時間の制限もなければ、いつまでにおむつをはずさなければならないという期限もないのです。

でも、このベンジャミンのケースには、多くの重要なヒントが含まれているので、私はあえて他の人に紹介しています。子どもたちは、私たち大人が考えるよりもずっと早くおむつをはずす準備ができていること、子どもが意思を持ち、強い抵抗を示すような時期ではなくて、まだ小さくて大人の真似を好む時期からトイレやおまるでさせるのは、子どもの自尊心と独立心を大切にすることだと思うからです。一般的なイメージのように、早い時期からおまるでさせると、家の中が不衛生になるとか、親にとってストレスになるとかいうことは、全くありません。とにかく自然で、親子のコミュニケーションという意味においても素晴らしいおむつなし育児によって、私は子どもと共に、期待していた以上の幸せな経験をしたのでした！

次男のダニエルについては、生後3週間くらいからおむつなし育児を始めました。ダニエルとの経験に関して、ここでお伝えしたい大切なことは、とても小さな赤ちゃんに対して始めたとしても、四六時中、赤ちゃんの気まぐれなしぐさやサインに振り回される必要はないということです。この本を読んでいただければ、おむつなし育児とは、私たちの頭の中にあるメンタリティーをちょっと変えてみることだということがおわかりいただけると思います。**子どもの排泄の欲求**

を感じ取るということは、子どもの睡眠の欲求や、食欲を感じ取ってあげることと、全く同じことなのです。愛情に満ちた親であれば、誰でも、子どもが伝えようとしていることを感じ取ってあげたいと願う、まさにそのことなのです。

ダニエルは乳児期のある期間、健康問題を抱えていたことがあったので、その時はおむつなし育児は二の次にして、まずは健康問題の解決に取り組みました。だから彼に対しては生後数カ月の間、1日1回程度の「パートタイム」おむつなし育児を実践したのです。そしてもう少し後になってから、ウンチや、ほんの時々オシッコもキャッチしてあげるようになり、さらに大きくなってから、「フルタイム」おむつなし育児を始めました。最終的にダニエルのおむつがはずれたのは、1歳5カ月の時でした。ここで私が申し上げたいのは、時々おまるやトイレで排泄させる方法（パートタイム）であっても、子どもは、おむつの外で排泄することや、汚れたおむつをつけて不快な思いをしないように大人が手助けしてくれることを学ぶという事実です。パートタイムであっても、おむつなし育児の重要なプロセス――赤ちゃんとのコミュニケーション――を経験できるのです。ダニエルも、「パートタイム」おむつなし育児を通じて、排泄をコントロールする身体感覚と、排泄の欲求を大人に知らせる能力を持ち続けることができたのでした。

私の3番目の子ども、ミアのケースをお話ししましょう。ミアが日本で生まれて（これは私にとって、特別にステキな経験でした！）、私は再びおむつなし育児を最初から経験するチャンスを与えられました。当時の私は、おむつなし育児を広めるために様々なメディアに登場し、おむつなし育児を実践する多くの親たちをサポートしていたので、ミアが生まれる頃には「おむつなし育児のエキスパート」なんて呼ばれるようになっていました。そんな私でしたが、生まれたばかりのミアにおむつなし育児を始めた頃は、新鮮な気持ちで、とてもワクワクドキドキしたものです。ミアは生後すぐから、とてもはっきりと排泄の欲求を伝えてくれて、私の「シーシー」という合図もすぐに覚えてくれたので、私たち2人はとても簡単にコミュニケーションがとれるようになっていました。私が「エキスパート」と呼ばれるくらいおむつなし育児の経験が豊富だったなんてことは全然関係なしに、ミアとの経験は、新鮮な驚きと感動とスリルに満ちたものでした（そんな経験を、おむつなし育児にトライするみなさんにもぜひ味わっていただけたらいいな、と思います）。

小さなミアから学んだことは、たくさんあります。ミアは9カ月で歩き始め、赤ちゃんの時から、自我がとてもしっかりした子でした。そして、よちよち歩いてあちこち探検するのが大好きになっていった頃に、おまるやトイレをイヤがるようになったのです。比較的素直な性格の上の

2人の息子の時には経験しなかったことでした。私は、そんなミアの「おまるイヤイヤ期」を何度も経験する過程で、彼女の排泄に関する様々なことを、よりクリエイティブに工夫するようになりました。

歩くようになって、おまるやトイレでの排泄をイヤがるようになったミアの「考え方や気持ち」を、一生懸命理解して受け入れることを通じて、私は本当に様々なことを学んだのでした。彼女の排泄コントロール感覚を失わせないよう気をつけながら、叱ったりしないで常にポジティブな態度を保ち、おまるやトイレでしてくれなくなったことをあまり気にせずに、ミアと私の「コミュニケーションの質」に気持ちを向けるよう努めました。とにかくミアを信じて、彼女が生まれながらに持っている「自ら成長していく力」が発揮される時を待ち続けたのです。このことは、これから長い期間にわたって母親業をしていく私にとって、単なるおむつなし育児を超えた、とても意義深い「子育てレッスン」の機会となりました。ミアも、最終的には2歳になる前におむつがはずれました。

ミアとのおむつなし育児は、別の意味でもとてもおもしろい体験でした。なぜなら、ミアが生まれた頃には、家族の中におむつなし育児を手伝ってくれる新しいメンバーが増えていたからです。その「新しいメンバー」である上の2人の息子たちは、ミアが食べたり飲んだりするのを手伝ってあげるのとほとんど同じ感覚で、ミアをトイレやおまるへと連れて行ってくれたのです！上の2人の子どもたちにとって、おむつなし育児は、自分たち子どもにもできる「赤ちゃんのお世話の1つ」という位置づけで、何も特別なことではなかった様子です。

このように、私の3人の子供の育児を通じて、「開始時期の早い／遅い」「パートタイム／フルタイム」という、とてもバラエティに富んだおむつなし育児を経験させてもらうことができました。

「3つの方法」

さて、それぞれのご家庭で、実に様々な方法でおむつなし育児を実践しているということを知った私は、新たにおむつなし育児に興味を持ってくれた親に「3つの方法」という考え方を紹介することにしました。その3つとは、**「フルタイム（長時間）」「パートタイム（短時間）」「時々やる」**おむつなし育児です。この本の中でもこの表現を使っていきます。実際におむつなし育児を始めてみると、この3つの方法のうちのいずれかが、あなたにとって、よりやりやすい方法であることに気がつくと思います。ただ、この3つの方法を、はっきりと厳密に分類することはちょっと困難です。最終的には、おむつなし育児を実践する多くの家庭では、この3つの方法の間を、その時の状況に応じて、無意識のうちに行ったり来たりするようになるのです。これからご説明する「3つの方法」をご理解いただくことで、あなたはこの本をよりスムーズに読み進めることができると思います。

「フルタイム」おむつなし育児とは、一般的に言って、生後間もなくから始めるやり方です（もちろん、あなたの赤ちゃんが生後何カ月になっていても、幼児期初期であっても、「フルタイム」を始めることは可能です）。この場合、たいていは両親のうちの1人か、あるいは1人の決まった「赤ちゃんのお世話担当」が、いつも赤ちゃんと一緒にいます。そして、特に生後数カ月間は、赤ちゃんは多くの時間、スリング（抱っこひも）の中で抱っこされて育てられます。「フルタイム」では、夜も含めて一日中、なるべく赤ちゃんにトイレやおまるで排泄させるチャンスを提供します。はじめは家の中が最もやりやすく感じますが、時間がたつにつれて、家の外でもトライできるようになります。もっとも、多くの家庭では、なるべく家かその近くにいる時だけ行なうことが多いです。「フルタイム」の赤ちゃんは、早い時期に、全くおむつを使わなくなることがしばしばあります（生まれた当初から、赤ちゃんに全くおむつをつけないという家庭もあります）。でもこれは、親が赤ちゃんの全てのオシッコをキャッチしていて、一度もトレーニング・パンツを濡らされたことがない、という意味ではありません。はっきりと言えることは、「フルタイム」の特徴は、親が多くの時間、赤ちゃんの排泄に意識を集中させているため、赤ちゃんの欲求を敏感に感じ取ることができるようになって、ほとんどのオシッコとウンチをキャッチできるようになるということです。つまり初期の段階からおむつなし育児の重要なコツを習得できるということです。「フルタイム」を実践する親にとっては、赤ちゃんの食欲や睡眠欲を感じ取るのと同じレベルで、排泄の欲求も自然に感じ取れるようになるのです。

「パートタイム」おむつなし育児は、オシッコでもウンチでもどちらでも、「できるものを、できる時にキャッチする」という方法で、フルタイムのように「いつでもおむつなしを実践している」わけではありません。例えば朝だけ集中して実践するとか、赤ちゃんとの時間を他の人にジャマされない時だけ実践するとか、夕方の1〜2時間だけ実践するとかいう感じです。「パートタイム」で、ウンチの全てをキャッチすることが可能な場合もあります。事実、「ウンチのキャッチ」からおむつなし育児を始める家庭は少なくありません。ウンチの方がオシッコに比べていつ出るのかがわかりやすく、そして何より親と赤ちゃんの双方にとって、ウンチまみれのお尻やおむつをきれいにすることから解放されるのは、とても嬉しい「ごほうび」だからです。「パートタイム」を実践する人の中には、月齢の低い赤ちゃんの時は「ウンチだけキャッチする」ことに集中して、もう少し大きくなってからオシッコのキャッチにトライするケースもあります。

「時々やる」おむつなし育児とは、まさに「時々」するものです。これは、1日のうちで1回だけのオシッコをキャッチするケース、さらにはもっと少ない場合もあります。赤ちゃんのおむつを交換する時や、お風呂に入る前など、「どっちにしてもおむつをはずす機会」におまるでさせてみるのも「時々やる」に含まれます。「時々やる」では、おまるはあまり使わないで、ほとんどいつもおむつをつけますが、親が赤ちゃんに「シーシー」「ウーン」などのオシッコ・ウンチの「合図」を伝えたり、赤ちゃんが出す排泄のサインを読み取る努力はします。そして、たとえおむつの中でオシッコ・ウンチをしても、排泄ケアをしながら赤ちゃんとよいコミュニケーションをとろうとします。例えば、汚れたおむつをこまめに取り替えてあげることで、赤ちゃんが汚物を長時間体にくっつけているという事態を避けることができます。また、親が赤ちゃんに排泄のプロセスについて精一杯語りかけてあげることは、赤ちゃんの排泄をコントロールする身体感覚を失わせないことにもつながり、その結果、赤ちゃん期の終わりや幼児期初め頃になって、おむつはずしがスムーズに進むこともあるのです。

この本では、1日に1度だけトイレでさせるというシンプルな方法から、集中的に赤ちゃんのオシッコやウンチをキャッチする方法まで、様々なやり方をご紹介していきます。おむつなし育児と一言で言っても、実に様々なやり方があるのです。ただ、どれにも共通していることは、赤ちゃんと通じ合いたいという気持ち、赤ちゃんが伝えようとしていることを理解したいという気持ち、そして赤ちゃんの自然な欲求に、優しく愛情深く応えてあげたいという気持ちです。おむつなし育児の素晴らしい点は、あなたの家庭の様々な状況や赤ちゃんの状態に、柔軟に対応できるところです。ご紹介した3つの方法のうち、**「どれか1つの方法を選んでやり続ける」と決める必要はありません**。自然の流れに任せればいいのです。この本の中でご紹介する様々なおむつなし育児のやり方を読んでいただければ、あなたにとって最もやりやすい方法が見つかることと思います。

迷信と誤解

2歳にもなっていなかった私の息子が、おむつでなくて普通の下着をつけているのを見た時に、人々は様々なリアクションをしました。多くの人は驚きながらも興味を持ってくれましたが、おむつなし育児を自分自身の子どもにできるかどうかについては、半信半疑な様子でした。以下に、「自分たちのライフスタイルの中ではうまくいくはずがない」と人々が考える理由について、一般によく言われるものを挙げてみます。

1.「おむつなし育児は、親のトレーニングなんですね」

おむつなし育児を実践する人々は、この言葉をよく耳にします。赤ちゃんの「お腹すいた」「眠い」という欲求をあなたが理解できるようになることを「トレーニング」と呼ぶのであれば、赤ちゃんがトイレに行きたがっているというサインをわかってあげることも、親のトレーニングということになります。でも私は、やっぱり「おむつなし育児はトレーニングじゃない」と言いたいのです。これは、例えばあなたが上のお子さんに実践したような「一般的なトイレ・トレーニング」とは違います。あなたの赤ちゃんが発信している排泄欲求のメッセージを受け取って、それに応えてあげるという、コミュニケーションそのものなのです。その意味で「おむつなし育児は親のトレーニング」と呼ぶのであれば、全く問題ありません。ただ、そうだとしても、「トレーニング」だということにこだわりすぎると、おむつなし育児の本当の意味がよくわからなくなってしまいます。結果（子どもが1人でトイレで排泄できるようになること）はあまり重要ではなくて、**赤ちゃんとのコミュニケーション・プロセスそのものが重要**なんです。

2.「大きくなって自分でトイレに行けるようになってからする方が楽じゃないの?」

もちろん、全ての子どもは、幼児期の終わり頃までには自分でトイレに行けるようになります。その時の子どもの誇らしげで嬉しそうな様子は見ていてとてもステキです。でもおむつなし育児を実践した赤ちゃんたちは、自分の排泄をコントロールする身体感覚を育てられているために、ずっとおむつの中で排泄してきた子どもたちに比べると、おむつからトイレへの移行が、幼児期よりもっと前の段階でとてもスムーズにいくことが多いです。生後8カ月の赤ちゃんが出すオシッコ・ウンチのサインを見たり、1歳の赤ちゃんがおまるによちよち歩いていって、楽しそうにおまるでオシッコ・ウンチをする様子を見たりすれば、おむつなし育児を実践した赤ちゃんが、体の欲求を自然に感じて、自分で欲求を満たすことができるのだという事実を、あなたもすっきり理解できると思います。

3.「家中が汚物で汚れるのは耐えられないわ。欧米の住宅事情じゃあ、無理でしょう」

ご家庭によっては、家に手を加えるケースもあります。例えば、家の中の一部屋を「おむつなし育児の部屋」と決めて、カーペットを一時期だけ取り払い、その部屋でおもらしされても気にしないようにするとか。確かに、おむつなし育児を始めた当初の、赤ちゃんの排泄パターンを知る学習期間には多少のおもらしはありますが、この学習期間は、そんなに長くは続かないものです。あなたと赤ちゃんのコミュニケーションがスムーズになっていくにつれ、赤ちゃんのおもらしの後始末は少なくなるものです。いずれにしても、2～3歳になって一般的な「トイレ・トレーニング」をやる時には、やっぱりある程度の「おもらし」は避けて通れないものです。また、「おむつを使っちゃいけない」なんてことは全然ありません。普通の赤ちゃんみたいに、ずっとおむつをつけている方があなたがリラックスできるのなら、そうしたって全然構いません。ただ、慣れてくると、そのうち、完全な「おむつなし」にして、普通の下着のパンツや布製トレーニング・パンツを使うようになるご家庭もたくさんあります。

4.「オシッコやウンチをするまで子どものそばを離れずにじーっと待ってる……みたいなイメージがあるのよね」

多くの親が、生まれて間もない赤ちゃんのそばを離れずにいることは、大なり小なり普通にあることです。でも、「おむつなし育児を実践する親が四六時中、赤ちゃんのオシッコやウンチをキャッチするために待ち構えている」というのは、誤解です。親はしばらくすると、食欲や睡眠欲と同じように、赤ちゃんの排泄パターンがわかるようになるのです。だから、いつも赤ちゃんの排泄のことばかりを考えなくてもよくなります。それに、おむつなし育児を実践していると、おむつの中だけで排泄している赤ちゃんよりも、排泄間隔が長くなっていくということを、多くの親は経験しています。

赤ちゃんが動くようになると、親にとっては新しいチャレンジが始まります。ハイハイしてあちこち探検するようになる生後数カ月の赤ちゃんを、あなたのそばにおいておくのはとても難しくなります。でも、私もそうでしたし、他の親もそうなのですが、普段、赤ちゃんの欲求を敏感に感じるようにしていると、たとえ他の部屋にいても、なんとなく「あ、そろそろオシッコ・ウンチが出そうだな」ということが、わかることがあるのです。おむつなし育児を通じて、眠っていた動物的な直観力が引き出されるようです。

5.「どうして赤ちゃんが、オシッコ・ウンチを教えないといけないの？　まだ、ほんの小さな赤ちゃんなんだから、リラックスして、おむつの中にさせてあげればいいじゃない」

赤ちゃんは「自分の体を排泄物で汚したくない＝おむつの中でしたくないという本能」を生まれつき持っているとわかってしまえば、赤ちゃんが本来持つ能力を超えて、大人に強制されてオシッコ・ウンチを教えてくれるのではないということが理解できると思います。排泄のサインを無視することは、赤ちゃんに「自分の体の自然な欲求に目をつぶって、排泄物で体を汚したままの不快な状態でがまんしていなさい」と強いているようなものです。トイレやおまるで気持ちよさそうに排泄する赤ちゃんを見れば、赤ちゃんはそれを「当たり前」と感じていることがわかり、おむつなし育児が、赤ちゃんに無理をさせているのではないことを、すっきりご理解いただけると思います。赤ちゃんにとって、おむつをつけないことほど快適なことってないでしょう？

6.「上の子がいるから、赤ちゃんばかりにかまっていられないのよ」

赤ちゃんが生まれると上の子は、あなたの気をひこうとして、何かとちょっかいを出してきます。でもしばらくすると、あなたが赤ちゃんにおっぱいをあげている時も、服を着替えさせてあげている時も、あなたが自分のことも気にかけて大切に思ってくれているのだということを理解してくれるようになります。また、上の子（お兄ちゃん／お姉ちゃん）も、まだ言葉の話せない小さな弟／妹と直感でコミュニケーションすることができ、その能力は、時々大人の私たちよりもずっとすぐれていることさえあります！　私がぼーっとしていた時など、長男のベンジャミンが、「ダニエル（弟）がオシッコ・ウンチをしたがっているよ」と教えてくれたことが何度もありました。お兄ちゃんやお姉ちゃんは、素晴らしいモデルでもあります。赤ちゃんは、お兄ちゃんやお姉ちゃんがトイレを使っているのを見て多くを学ぶのです。おむつなし育児を実践するあなたと赤ちゃんのコミュニケーションは、あなたのお子さん同士のコミュニケーションにもよい意味で影響していくのです。

7.「私は外で仕事しているのよ」

おむつなし育児とはコミュニケーションであり、誰でも赤ちゃんとコミュニケーションできます。もしもあなたのパートナーや、親戚や、赤ちゃんの世話をしてくれる他の人が、「よくわからない」という理由でおむつなし育児を嫌がるとしたら、強制しないで、ちょっと待ってあげましょう。あなたの赤ちゃんも、成長するにつれ、自分の世話をしてくれる人とどのようにコミュニケーションをとったらよいか、少しずつ学んでいくものです。もしもあなたがそばにいる時だけ、赤ちゃんに「パートタイム」おむつなし育児をするのであってもオーケーです。赤ちゃんは、おまる使用とおむつ使用のスイッチの切り替えを、ちょうど、おっぱいと哺乳瓶を切り替えるように、スムーズに行なえるものです。

8.「私にはやることがたくさんあって忙しいのよ」

おむつなし育児は、ちょうど私がダニエル（次男）にやったのと同じように、パートタイムでも実践できます。その時の私が気をつけたことは、ダニエルの様子をよく見てあげること、おむつの中でオシッコ・ウンチをしたらこまめに取り替えてあげて排泄に関する彼の身体感覚をなくさないようにしてあげること、オシッコ・ウンチのたびに排泄について言葉で語りかけてあげること（おまるに間に合わなかった場合でも）、おむつなし育児をできる時はしてあげること、そして、たとえできなくてもストレスに感じないようにすることでした。重要なのは、とにかくコミュニケーションに集中することであり、オシッコ・ウンチをキャッチするのは二の次で、今、子どもがしていることをしっかり受け止めてあげることなのです。私はおむつなし育児に興味を持つ人々に対し、1日30分でいいから、赤ちゃんを柔らかい防水パッドか布おむつの上に寝かせて、下半身をスッポンポンにしてあげることを勧めます。あるいは、赤ちゃんをお風呂に入れる前に、「毎日の楽しいお遊び」みたいな感じでおまるにのせてみることも勧めます。たとえ「パートタイム」であっても、おむつなし育児には親子の絆を深める素晴らしい効果があるのです。

9. 「私たちは都会に住んでいて……」「私たちはいつも出かけるから……」

都会に住んでおむつなし育児を実践する人々は、田舎で暮らす人々よりも多少工夫が必要になることもありますが、簡単に解決できます。考え方をほんの少し変えてみればよいのです。オシッコをキャッチするおまる代わりの小さなプラスティックの入れ物をおむつバッグにポンと入れておくことは、たいした手間ではありません。おむつなし育児を実践していると、たくさんのおむつを持ち歩かなくてよくなるので、おむつバッグの中には十分なスペースができます。また、食事や睡眠のパターンと同様に、赤ちゃんの排泄についてもだいたいパターンがわかってくれば、外出に最適なタイミングも、なんとなくわかってきます。おむつなし育児を実践する多くの親は、とっても忙しい時や、出かける時などはおむつを使いますが、全く問題ありません。

10. 「おむつなし育児にトライしてみたのだけど、ダメだったのよ……失敗ばかりで。赤ちゃんとコミュニケーションするなんて、やっぱり私にはできないわ」

排泄コミュニケーションは、かつてはどこの国においても実践されていました。ただその時代には、大家族だったり地域のつながりがあったり、周りにサポートしてくれる人がいました。残念ながら、現代の社会では、このような状況は失われてしまいました。でも、おむつなし育児を継続していくには、やはり周囲のサポートが重要です。だから、オンラインでも、地域の「おむつなし育児サポート・グループ」でも、そしてこの本でもいいから、**とにかくサポートしてくれる人や物を見つけることが、成功の秘訣**です。おむつなし育児を続けていると、うまくいってない気がして落ち込んだりするのは、とても普通のことです。2～3歳になって、一般的なトイレ・トレーニングをする場合でも、同じようなことが起こりますよね。あなたのお子さんとうまくコミュニケーションがとれていないと感じる時、どのように対処したらよいか、お子さんの発達段階に応じて、この本の中で解説していきます。

この本の使い方

この本の各章ではおむつなし育児に関して、赤ちゃんの発達段階ごとに話を進めていきます。そしてどの章でも、おむつなし育児とは何か、赤ちゃんや幼児にどのような影響を与えるのかを説明していきます。ですから、例えばあなたに生後6カ月の赤ちゃんがいて、初めてこの本を読んでいるなら、他の章は飛ばして、5章の「おむつなし育児の旅を穏やかに進めるために 生後3～8カ月期」を読んでもいいのです。最も大切な情報は各章の中で繰り返し説明します。例えば、どうやってオシッコ・ウンチの「合図」を教えるか、赤ちゃんの排泄のサインとは何か、夜間や外出中に実践するための準備、などです。また、お子さんが大きくなるに従って起こる新しい課題に対処する方法も、各章の中で説明していきます（例えば、新生児を連れて外出する時と、歩いて話もできるようになった幼児を連れて外出する時では、全く事情が異なります。各章で、子どもの発達段階に応じた情報を提供していきます）。

次の第2章「役立つ情報を集めて、一歩前に進んでみましょう！」では、おむつなし育児を始めるあなたが突き当たるかもしれない壁について、簡単に話をします。

この本を手にされているだけでも、あなたがおむつなし育児に興味を持っているという、とてもよい兆候です。しかしながらおむつなし育児は、過去数十年の間に広まった「一般的なトイレ・トレーニング方法」とは異なる考え方をするため、実際に始めるにあたっては、あなた自身が適切に理解・納得していることが必要となります。また、あなたがとても熱心に実践したいと考えていても、パートナーや他の家族、赤ちゃんをお世話してくれる人、または親戚や友人が理解してくれない場合、彼らに納得してもらう必要も出てくるでしょう。そんな時は、どうぞこの本からヒントを学び取って下さい。私もその手の経験は、とてもたくさんしてきました。本章は、きっと、あなたのトライしたいという決心を固める役に立つことと思います。

第3章「お助けグッズで始める準備をしましょう」では、おむつなし育児を助けてくれる様々なグッズを紹介します。股割れズボンのような特別な服や、小さい赤ちゃんの足を快適に温めてくれるウールのレッグウォーマー、赤ちゃんサイズの布パンツや下着などです。おむつをはずして遊んだり眠ったりする赤ちゃんの下に敷く、防水加工がほどこされた柔らかいパッドや、あなたの赤ちゃんにぴったりしたサイズのおまる、そして外出時に助けてくれる諸々のグッズなどをご紹介します。また、赤ちゃんの抱っこひも／おんぶひもや布おむつについても、少し詳しくお話しします。もちろん、このようなグッズを絶対使わなければならないわけではありません。ただ、多くの親はこれらグッズにとても助けられているということは事実です。赤ちゃんを抱っこしてあなたの体に密着させていると赤ちゃんの排泄パターンをよく理解することができるので、特におむつなし育児を始めて間もない頃は、抱っこするのは効果的です。あるいは、布おむつをカバーなしで使ってみると、赤ちゃんを「おむつなしにしていても大丈夫な時間」が、だいたいどのくらいなのかを見定めることができ、排泄コントロールに関する赤ちゃんの身体感覚を保つことにもつながります。

第4章「誕生おめでとう！　赤ちゃんをよく理解して、スタートしましょう　生後～3カ月期」では、生まれたばかりの赤ちゃんとどうやってコミュニケーションをとっていくかについて話をしていきます。おむつなし育児の始め方について、多くの親の経験を紹介しながら、新生児に最適な排泄ポーズもお教えします。赤ちゃんを迎えて始まる新しい生活の中で、育児以外のこととのバランスをとりながら、多くの親がどうやって赤ちゃんの排泄の欲求に応えてあげているかについても、たくさんご紹介します。

第5章「おむつなし育児の旅を穏やかに進めるために　生後3〜8カ月期」では、この時期の、寝がえりなどをするようになった赤ちゃんを対象に話をしていきます。この時期にあなたが初めておむつなし育児をスタートするか、あるいは生後すぐの時期からスタートしたかにかかわらず、この時期特有のポイントについて学べるようになっています。この時期の赤ちゃんは首もしっかりしてきて、座ることもできるようになっています。赤ちゃんの排泄パターンもはっきりしてきて読み取りやすくなるし、赤ちゃんの反応も一段とよくなってコミュニケーションしやすくなります。この章では、赤ちゃんのサインを読み取るコツや、おまるやトイレの使用を開始するコツなどについてお話しします。もちろん、夜間や外出時、または日中外で仕事をしている場合の実践方法についても、たくさんの情報を提供します。

第6章「動き始めた赤ちゃんとのおむつなし育児　生後8〜12カ月期」では、さらに大きくなって、ハイハイしたり、あるいは歩き始めたりする赤ちゃんとの実践法についてお話しします。この時期におむつなし育児を始めるか、あるいはもうすでに実施しているかにかかわらず、活発に動くようになった赤ちゃんは、あなたに新しいチャレンジの機会を与えてくれます。赤ちゃんはこの時期、体が発達して自分の意思で移動できるようになったことが嬉しくてたまらなくて、なかなかじっとしていられません。でも、自分で動けるようになった赤ちゃんが、おむつなし育児のイニシアティブをとってくれるようにもなるのです。この章では多くの親が、穏やかに愛情深く、そして優しくおむつなし育児を実施する方法を語ってくれます。

もしもあなたに1歳の赤ちゃんがいたら、第7章「歩き始めた赤ちゃんとのおむつなし育児生後12～24カ月期」をお読み下さい。たくさんの有益な情報が詰まっています！　この時期は、本当に楽しい年齢です。子どもはすごく意欲的で、大人の真似をするのが大好きで、もう少し大きな子どもと比べると、反抗も少ないです。この年齢でおむつなし育児を始めるか、前からやっていたかにかかわらず、この時期の子どもをどう理解して接するか、そして、子どもが探検したり遊んだりすることに夢中になっていて、それをストップしてトイレに行くのをイヤがる時に、どうやって愛情深くおむつなし育児を続けたらよいかについてお話しします。この章を読むことで、子どもが自分の意思で排泄するよう促す方法について、たくさんの情報を得ることができます。

第8章「最後のハードルとおむつからの卒業」では、様々な家族が、子どもの排泄の自立に向かって、いかにクリエイティブにおむつなし育児を実践していったかについてお話しします。

最後の第9章「特別な事情をかかえている方のためのおむつなし育児」では、早産で生まれたお子さんや双子のお子さん、あるいは体に障害のあるお子さんの親などから、様々な体験談が聞けます。またこの章では、おむつなし育児の基本的な考え方が、1歳半以上の子どもの排泄ケアにやさしく応用できることについても、お話ししたいと思います。

2 役立つ情報を集めて、一歩前に進んでみましょう！

……そしてあなたも、生まれて間もない赤ちゃんがおまるを使っているらしいと聞いて、「へー、おもしろそう。でも、大変そう……」と思っていませんか？　大丈夫です！　そういう人は、たくさんいます。私の周りにも、おむつなし育児のことを友達や雑誌や新聞なんかでちょっと知って、すぐに「あ、これやってみたい！」と思った人がたくさんいます。なんだかよくわからないけど、なんとなくしっくりくる感じがしたのだそうです。そうした、最初から熱いハートと確信に満ちた気持ちで取り組む親もいれば、「うーん、興味はあるけど、いまいち、じゃあやってみよう！　というところまでの気持ちにはなれないのよね」という人もいます。

ちょっとしり込みする気持ちは、ごく普通のリアクションです。私たちは、トイレ・トレーニングに関わる現代の「ルール」、つまり「トレーニングを急いではいけない」「子どもにプレッシャーをかけるのはよくない」「もっと大きくなるまで、トイレ・トレーニングのことなんて、考えるのもよくない」という「ルール」が頭の中に染みついて、そこからなかなか自由になれないのです。そんな面倒なことをしなくても、今は大きなサイズの紙おむつや紙パンツが買えるので、別に急がなくたって、いつでも「トイレ・トレーニング」が始められますしね。「今の時代のトイレ・トレーニング・ルール」に従わないと、子どもの心を傷つけたりして取り返しのつかない失敗を犯してしまうかもしれない、という心配もありますよね。でもね、「今の時代のトイレ・トレーニング・ルール」に従うということは、実は私たちの赤ちゃんの体の自然な感覚を無視すること と、イコールなのです。第1章でご紹介した、私の長男のケースを覚えていらっしゃいますか？

彼の体の排泄コントロール能力は、「自立の準備」をすでに迎えていたのに、「今の時代のトイレ・トレーニング・ルール」にがんじがらめにされていた私は、「私たちの社会の基準から見ると、おむつをはずすには小さすぎる」と、しり込みしてしまったのです。他にも、生まれて間もない赤ちゃんがトイレで排泄できるなんてありえないと思い込んでいる人々や、言葉も話せない小さな赤ちゃんに対して、どんなふうに排泄コミュニケーションをとるのか、全くイメージできない、という人々もいます。

一番最初に覚えておいてほしいことは、おむつなし育児とは、**私たちが一般的にイメージしているような「トイレ・トレーニング」ではない**という事実です。このことは、本の中で繰り返し説明していきます。おむつなし育児を実践する多くの親が、自分たちがやっていることを「トレーニング」という言葉で表現したくない理由は、「トレーニング」という言葉が、おむつなし育児の最も大切なことを見えなくさせる恐れがあるからです。**おむつなし育児はコミュニケーション**です。赤ちゃんと穏やかにつながって、あなたと赤ちゃんに一番ぴったり合うペースで進めるものです。赤ちゃんとあなたとの毎日のやりとりを通じて、「赤ちゃんが持っている排泄の欲求を感じ取る」という、あなたの中にある能力をよび覚ますことです。それは、赤ちゃんが空腹であるか、疲れていないか、または興奮しすぎていないかを感じ取る能力と同じです。このように、赤ちゃんの自然な欲求を感じ取って通じ合えることこそが、実は育児で最も楽しいことなのです。脅して強制的にさせるものでなく、プレッシャーをかけるものでもありません。おむつの中で排泄することをすっかり学習してしまった2~3歳の子どもに、新たにトイレで排泄させることを教え込むために無理やり言うことを聞かせたり、あるいは言うことを聞いてくれるように子どものご機嫌をとったり……という駆け引きもありません。ある年齢までにおむつをはずすことを目指す「レース」のようなものでもありません。赤ちゃんがあなたに伝えようとしていることを感じてあげたい……という以外には、あなたは赤ちゃんに何も期待しなくていいのです。「赤ちゃんが生まれつき持っている身体能力を使って本能的に出すシグナルを、親が感じ取ってあげて、それに応えてあげる」という以外の、何ものでもないのです。

おむつなし育児は親にとっても赤ちゃんにとってもよいことだと、頭では納得できる人もいます。ただ、実際にやってみることを想像すると、「今でさえ赤ちゃんの世話でとても忙しい毎日なのに、それに加えて面倒くさそうなことなんてやる余裕はないよ……」と思ってしまうのです。これは、「おむつなし赤ちゃん」という言葉が、誤って理解されていることとも関係しています。私の知り合いで、「おむつだけに頼らない育児」というものが、「おむつを全くつけないで育てる育児」だと思い込んでいたため、トライすることをためらっていた人がいました。そんな育児をしたら、いったいどのくらい家事の負担が増えるのだろうか……という恐れが先立ってしまったのです。私はそんな時、「おむつなし育児には、単におむつを使わないということにとどまらない、様々な意味が含まれているのよ」と説明します。確かに、実践する多くの親は、慣れてくると自然に、赤ちゃんにおむつでなく普通の布パンツやトレーニング・パンツをはかせるようになっていきます。その方が、赤ちゃんと気持ちが通じやすいのでおもらしもされにくいし、なんといっても、おむつを使わない方が「赤ちゃんとのコミュニケーション」がとりやすいというふうに、だんだん感じてくると言います。でも、最初からそうである必要は全くないのです。私はおむつなし育児をずっとしてきた親がよく使う次の表現が好きです。それは、「おむつなし(Diaper-free)とは、おむつを全く使わないという意味じゃなくて、**おむつに100%頼る生活から自由になる**

こと」というものです。おむつに縛られることなく、「赤ちゃんがいたらおむつの世話は絶対避けられないことなのだ」という思い込みから自由になることなのです。おむつだけに頼らないという育児の方法を選べば、「じゃあ、うちは、どのくらいおむつに頼ろうか」という選択肢が生まれます。あなたと赤ちゃんの間の自然なリズムがわかってきたら、無理をしないで、それに従って、おむつを使う量を選択すればよいのです。人によっては、たくさんおむつを使う日もあるし、少ししか使わなくて済む日もあります。「おむつをなるべく使わない」ということには、いつだって、期待も義務もないのです。

おむつなし育児が可能だということがどうしても信じられない人や、それがどのような働きをするのかわからないという人もいます。過去20年から30年の間、私たちは医師などの専門家によって、また本や雑誌を通じて、赤ちゃんには括約筋を使って排泄をコントロールすることなんか絶対できないし、排泄を感知することもできないと教えられてきました。最低限のコントロールさえ、乳児期の終わりでなければできないと教えられてきたのです。あなたも、赤ちゃんが排泄をコントロールできる身体能力を持っているとか、赤ちゃんだってオシッコ・ウンチで自分の体を汚したくないと思っているとか言われると、「多分そうかも」と納得しても、でもやっぱり、言葉ではない合図や、ボディ・ランゲージや、直感といったもので言葉の話せない赤ちゃんと通じ合える、なんて言われると、とうてい納得できないかもしれません。こういう疑問がある場合は、実際に実践している他の親や、あなたの近くにある実践グループを探してみるといいかもしれません。赤ちゃんが実際に排泄コントロールをやっているのを見ることほど、あなたの理解を助けてくれるものはありません。私の子どもたちが「おむつなし」でいるのを見た人々はみんな、とてもポジティブな印象を持ってくれました。「実際のおむつなし育児」を見ることは、ただ話を聞いたり本や記事を読んだりするよりも、強いインパクトを与えてくれるものです。

今、あなたがかなり興味を持ってきて、「やってみようかな」という気持ちになっていて、でもまだ「うーん、でも、やっぱり迷うな」と二の足を踏んでいるのでしたら、問題の解決は簡単です。**とにかく1度やってみて、様子を見てみる**ことです。一度トライしてみたからといって、何も失うものはありません。「1回だけだから」と自分に言い聞かせて、その後で、「じゃあ、あと1回だけ」ともう1回やってみて下さい。いつだって自分が望む時にストップできるんですよ。でもあなたはきっと夢中になるでしょう！

ここで他の親たちが、どうやっておむつなし育児に夢中になっていったかをご紹介しましょう。

―

私は初め、友人からおむつなし育児のことを聞きました。友人は、インドに数カ月滞在した帰りの飛行機の中で、歩き始めの赤ちゃんを連れた若いお母さんと一緒になったのです。友人は、その赤ちゃんがおむつじゃなくて普通の布パンツをはいていて、トイレに行きたくなるとお母さんに教えているのを見て、とても驚きました。さらにびっくりしたことには、そのお母さんも赤ちゃんも、お腹をこわしていて、赤ちゃんは下痢をしていたのだそうです。その話を聞いて私は、「そんなの信じられないわよ！　ありえないわよ！　だって私は、息子のトイレ・トレーニングで、今、本当に大変な思いをしているのよ！」と思ったのを覚えています。この友人の話を聞いてから、インターネットで布おむつのことを色々調べるうち、おむつなし育児について書いてあるサイトを偶然見つけて、夢中になってしまいました。その時はなんだか、この考え方がとってもしっくりきたんです。今でも私の友人が、この「信じられない話」を私に教えてくれた時のことを思い出します。

—サム、14カ月児ウィローの母

親しい友人からおむつなし育児について聞き、すごいアイデアだと思いました。その友人の家でやった「おむつなし赤ちゃんミーティング」に初めて行った時、生後2カ月になっていた私の息子のおむつをはずしてみたのです。するとその日息子は一度もおもらしすることなく、4回もおまるでオシッコをしました。その日からもう何の疑いもなく、私はおむつなし育児を始めたのです。

——リッキー、11カ月児デクスターの母

おむつなし育児のことを最初に耳にした時は、私が今まで聞いてきた子どもの心身の発達に関する情報とあまりに違うので、無視しました。でも、次に聞いた時は、もう少しよく考えてみた結果、多分、私の祖母が3人の娘を育てた時のやり方と同じだったんじゃないかなと気がつき始めました。そういえば祖母はいつも、「3人の娘たちはみな、1歳になる前にトイレでできるようになっていて、それは全然、大騒ぎするようなことでも何でもなかったよ」と言っていました。そして祖母は「子どもがトイレへ行きたがっているのに、どうしてわざわざパンツの中でさせるんだい？」とも言っていました。そのことを私の両親に伝えると、最初彼らは「しょうもないアイデアねえ」と笑い飛ばしました。でも、今では逆に、「それはとっても当たり前のことなのよ」と言ってるんですよ！

両親は「おむつなし育児」とか「トイレ・トレーニング」とかいう特別な名前で呼ぶことはありません。単に「必要ないから、赤ちゃんにわざわざパンツの中でさせないやり方」というふうに理解しています。この6月に最初の子が生まれる予定です。排泄習慣を通じて、生まれてくる赤ちゃんと気持ちのよい関係を築けることが、今から楽しみです。赤ちゃんが「したそうな表情」を見せたら、多分問題なく、トイレやおまるでさせてあげられると思います。

――モリア、妊娠8カ月

妊娠がわかった時、赤ちゃんをどう育てるかについて夫と何度も話し合いをしました。インド出身の夫に対して私は、「インドでは布おむつで育てるのだろうけど、私たちは紙おむつを使うからね」と言いました。夫の母が産後の手伝いに来てくれる時には、夫から彼女にちゃんと説明してもらわないといけないな……とも思っていたからです。すると夫は、

「いいや、僕の妹にはたしか、布おむつなんか使わなかったはずだよ」

と言いました。

「え、ホント？　じゃあ80年代にインドでは、もう紙おむつを使ってたの？」

「いいや。それも違う気がするなあ……」

私はだんだんイライラしてきて、会話はストップしてしまいました。私は心の中で、「……どうせ夫は、子どもの頃のことなんて覚えていないんだわ。インドでは、布おむつを使っていたにきまってるじゃない」とつぶやきました。

私が妊娠9カ月の頃、ネット・サーフィンをしていた夫が偶然「おむつなし赤ちゃん（Diaper FreeBaby™）」のサイトを見つけて「これだよ！」と叫ぶと、本を読んでいた私の手を引っ張って

パソコン画面の前に連れて行きました。

「僕たちはおむつは使わなかったんだ。これが、僕のお母さんがやった方法だよ。お母さんが『シープーシープー』って赤ちゃんだった妹に言いながらオシッコさせていたこと、思い出したよ」

夫は、アメリカでのおむつなし育児運動を知って嬉しそうにワクワクしている様子でしたが、私はもう紙おむつを使うことに決めていたので、無視して笑い飛ばし、2人の会話は終わってしまったのです。赤ちゃんを産んで、病院から家に戻っても、ずっと紙おむつを使っていました。そして赤ちゃんが生まれてから約1週間後、昼寝していた私は、夫の母の「シープーシープー」という声で目を覚ましたのです。すぐに何が起こっているのか理解し、夫が母親のその声を思い出した時の嬉しそうな顔も思い出したのです。そうです、夫の母が赤ちゃん（ジェシー）をトイレに連れて行ったのです！……これをきっかけにおむつなし育児を始めたおかげで私たちは、たくさんの紙おむつを節約することができました。実際、最初に買った新生児用サイズの紙おむつ1パックを使いきる前に、ジェシーはそのサイズよりも大きくなってしまったのです。ジェシーは、おまるやトイレでオシッコ・ウンチをしている時、明らかにいつも機嫌よさそうにしていました。反対に、おむつの中にしてしまった時には、たとえ1分であっても、とても機嫌悪そうにしました（まあ、誰だって機嫌悪くなりますよね……）。他のお母さんと同様、私も息子にとって一番よいことを望んだ結果、

「おむつなし育児」を選びました。だから普段は違うけど、今回の件については、私が間違っていて夫が正しかったことを認めます。紙おむつのお金も節約できたし、赤ちゃんをいつもきれいな状態に保ってあげられたし、そして何と言っても一番よかったことは、私たちの大切な息子を、とっても機嫌よい状態にしてあげられたことです！

―アンジェラ、1歳3カ月児ジェシーの母

他の人からサポートを受けましょう

さあ、あなたは今けっこうその気になってきて、「やってみようかな？」と思い始めたかもしれません。しかし、おむつなし育児をやっていると、疑り深い他人に直面する、というのも、残念ながらよくあることなのです。赤ちゃんを育てていると、あなたの育児のやり方一つ一つについて、周囲の人があれこれ言ってくることがあります。トイレ・トレーニングについても、お子さんが何歳であるかにかかわらず、あなたの親や、パートナーの親や、親戚や友人などが、あなたのやり方に対して色々と言ってくることがありますよね。ちょっと意外かもしれませんが、おむつなし育児にトライする人々の上の世代（赤ちゃんの祖父母）が、熱心なサポーターになってくれたという話をよく耳にします。多くの祖父母は、孫たちがトイレやおまるで排泄できることにとても興奮して、誇りに思うのだそうです。一世代前に子どもを育てた祖父母たちは、赤ちゃんがトイレやおまるを使うことにそれほど抵抗感を覚えません。なぜなら、20年から30年前には、そのような排泄ケアが、西欧社会でもまだ少しは実践されていたからです。覚えていますか？私の場合でも、1歳になったばかりの息子におまるを持ってきたのは母でした。他の実践者の多くも、赤ちゃんがオシッコ・ウンチをしたそうにしていた時に、「おまるでさせてみたら？」と言ってくれたのは、彼らの母親や祖母であったと報告しています。

同じような年頃の子どもを持つ友人や親戚がいる場合は、もしも彼らが別の方法で育児をしているとなると、ちょっとした摩擦が生まれるかもしれません。母乳か人工乳か、赤ちゃんを1人で寝かせるか添い寝か、専業主婦か働く母親か……。これら全ての「育児の選択肢」に関する議論は、残念ながら互いに否定的で、感情的になりやすいものです。そしておむつなし育児も、「従来のトイレ・トレーニング」と比較されることから逃げられないのです。

ちょっと難しいかもしれませんが、自分とは違う育児法を選択している他人があなたに色々とおせっかいしてきても、できるだけ穏やかな態度で受け応え、反論や議論をしないように心がけるといいと思います。そういう相手に対しては、「ああ、私と赤ちゃんのことを大切に思ってくれているのね」とポジティブに受け止めて、感謝の気持ちを態度で表すといいですね。相手に感謝の気持ちを伝えた上で、今度はあなたが育児についてどのように注意深く考えて、自分の家族にとって最もよいと思うことを選んで実践しているかを相手に説明すると、相手もあなたに心を開いて聞いてくれるものです。もしもお互いの異なる育児方法に関するセンシティブな会話になったとしても、相手とのこの微妙な境界線を守ることによって、会話が不愉快なものになるのを避けることができます。私たちの「おむつなし赤ちゃん」サポート・グループに、ある日、「まるで隠れていたクローゼットの中からやっと出てきた」というようなホッとした表情でやってきた女性がいました。彼女は家にお客さんが来るたびに、彼女の小さな赤ちゃんがおまるを持っている理由を聞かれたくなくて、いつもおまるを隠していたんだそうです！

あなたがおむつなし育児を実践していることを一時隠せたとしても、赤ちゃんのおむつを交換する代わりにトイレへ連れて行っていることは、いつかはバレてしまうものです。おむつなし育児に対する誤解はたくさんあります。人によっては「赤ちゃんに無理やりやらせている」と思う人もいるでしょう。また、自分がおむつなし育児を実践していないことを批判されたくないと感じる人、あるいは赤ちゃんが排泄の欲求を伝えようとしているのに、自分が気づいてあげられないことを悲しく思う人もいるでしょう。また、別の人は、おむつなし育児が「女性の人生の選択肢が少なくて、悲惨な過重労働を強いられていた昔へ逆行するようなもの」と誤解して、怒り出すことすらあります。このように、おむつなし育児が親にとってとんでもない負担であると誤解されることは珍しくありません。

では周囲からの様々な疑問に直面した時、あなたはどう答えればよいのでしょうか？

多くの人は「おむつなし育児は、赤ちゃんの排泄ケアに関する、単なる1つのオプションなのだ」とわかると、わりとすっきり理解してくれるようです。私が「おむつの中だけで排泄する赤ちゃんは、そのように訓練されたからなのですよ」と言うと、たいてい理解してくれます。

「新生児の頃はおむつを開けたとたんにオシッコを飛ばしていたのに、そのうち、おむつの中でするものと学ぶにつれて、だんだんやらなくなるでしょう。あるいは、きれいなおむつに替えてあげたとたんに、そのおむつの中でしちゃったりすることもありますよね。赤ちゃんに常におむつをつけていることは、おむつの中だけでオシッコ・ウンチをするようにしつけていることになるのです。正しくないことを、親が何年もかかって教え込んでいることになるんですよ」と言うと、だいたいの親は納得してくれます。そして、「たとえ『パートタイム』でも『時々やる』でもいいからおむつなし育児を実践することで、『赤ちゃんは常におむつをつけられている』という状態から解放されて、赤ちゃんとあなたにたくさんの恩恵をもたらしてくれるのです」と、こんな感じで説明すると、「赤ちゃんには常におむつ」以外にも選択肢があるのだということをわかってもらえます。

おむつなし育児を実践する多くの親は、いつもおむつをつけている上の子どもと、おむつなし育児をしている下の子どもにかかる育児の手間を比べると、多少違いがあると言います。家族の状況に合わせて「パートタイム」おむつなし育児を実践する家庭もあります。また、基本は「フルタイム」の家庭でも、状況によっては「パートタイム」になることもあります。この「パートタイム」や「時々やる」の家庭では、実践するのは1日1度だけであったり、それ以下であったりしてもいいのです。また、おむつなし育児をやりやすいように、あなたが家にいる間は着脱しやすい服を赤ちゃんに着せることで、育児の手間がもっと軽くなります。

さらに、言葉よりも行動で示す方が説得力があります。おむつなし育児はとても自然で穏やかで愛情に満ちた方法で行なわれるので、実際にやっているあなたと赤ちゃんの様子を見た人々は、すぐに、「これは強制的なトレーニングじゃなくて、赤ちゃんが出す合図に応えてあげて、赤ちゃんの体の自然な発達を促す素晴らしい方法なのだ」ということを理解してくれるでしょう。

こんな感じで、おむつなし育児を実践するあなたを批判していた人々は、そのうちに、あなたのサポーターになってくれることもあります。あるいは、そこまでいかなくても、少なくとも、あなたが自分と家族のために選択したやり方を理解し尊重してくれることでしょう。

おむつなし育児を始めた頃、友人の1人が「あっ、それって、なんか、親に対するトレーニングみたいだね」と言いました。私はそれに答えて「あー、うん、そうかもしれないね……でも、赤ちゃんがお腹すいた時におっぱいあげるのとおんなじ感じよ」と言いました。

—ケイト、6カ月児ルシアの母

私は家の中で、内緒でおむつなし育児をやっていました。私の両親や親しい友人は知っていましたが、「何やってんだか」みたいな、ちょっとバカにしてる感じでした。子どものプレイ・グループで一緒に過ごす他のお母さんたちに対しても、「一般的なトイレ・トレーニングってどうなの？」という話題が出るまでは、おむつなし育児のことは何も言いませんでした。それでも私たち夫婦は、だんだんと自分たちがしていることに自信を持つようになりました。

—ギギ、1歳6カ月児ベンの母

私はおむつなし育児を積極的に人に勧める自信がまだありません。でも私たち自身のおむつなし育児の経験はとてもポジティブで、穏やかで、素晴らしいものです。ちょうど母乳育児のように、最初の「学習期間」を過ぎると、とてもリラックスできて楽しくて穏やかで、子どもに導かれて行なうものだということがわかるようになりました。多くの人々は「余分な仕事が増えて大変」と思うようですが、そうじゃないのです。生後2〜3年たってからトイレ・トレーニングを始めるという一般的な育児のやり方を、ちょっと変えてみるだけのことなのです。

——メーガン、2歳6カ月児ノエミの母

私が人々におむつなし育児をやっていることを伝えた時、たいていの人は、「そんなことをしていると、いったいどれくらい家事負担が増えるの？」と聞いてきます。そんな時は、「全然大変じゃないよ」というようなふりをせず、「単なる、もう1つの育児方法なのよ」と説明します。息子ベンを押さえつけて大変な思いをしておむつを交換して、その後で汚れたおむつの後始末をするよりも、ベンがおまるに座っている間に、彼とおもちゃで遊ぶのが好き、ただそれだけのことなのです。

——サラベス、8カ月児ベンの母

赤ちゃんとただ遊ぶよりも、赤ちゃんをおまるにささげながら一緒に時間を過ごす方がいいということを、私は何度も聞きました。上の3人の子どもたちには一般的なトイレ・トレーニングをしたのですが、その経験は、私にとっても子どもにとってもフラストレーションと怒りに満ちた悲惨なものでした。3人の子どもの悲しい経験を通じて、「これはおかしい。きっと何か別のよい方法があるに違いない」と思ったものです。今回、おむつなし育児をやっている4番目の子どもとの経験は全然違います。大きな違いは、おまるの時間が楽しいのです。エデンに歌を歌ってあげて、すると上の子どもたちも歌を一緒に歌ってくれて、互いに微笑み合うのです。

—ベス、9歳児ジブ、6歳児アベラ、3歳児テミマ、3カ月児エデンの母

最初みんなは、おむつなし育児を始めた私のことを、気でも狂ったかと思ったようです。でも、私の後に出産して3カ月の男の子を持つ妹に、私は赤ちゃん用おまるとおむつなし育児の本を送ってあげました。彼女も最初は「なんかヘンな方法ね」と思ったようですが、まあとにかくやってみたのです。結果ですか？　今もずっと続けていますよ。今では妹の息子は「おむつなし」のエキスパートです！　家族や友人を説得するには、デモンストレーションあるのみです。デクスターはとても愛らしい子なので、彼の「おむつなし」を見た人は、簡単に説得されちゃいます。

—リッキー、11カ月児デクスターの母

私自身がおむつなし育児に慣れて自信をもつと、他の人のリアクションも変わりました。最初、自分にできるのかと不安な時は、周りの人々からのリアクションも、批判的で疑いに満ちたものでした。このような人々は、自分がやってきた一般的なトイレ・トレーニングの方法について色々とコメントしてくれたものです。でも私に自信がついてくるにつれ、おむつなし育児に興味を持ち、もっと知りたいと思う人からのコメントが増えていったのです。

―マリー、2歳5カ月児エイダンの母

私の場合は少し違います。ウクライナ出身の私の母は、とても協力的でした。ある夏のとても暑い日に両親が遊びにきたのですが、「こんな暑い日にユンナに紙おむつをつけるのはかわいそう」ということで、おむつをはずして散歩に出かけたのです。母は、「ユンナのために、普通のパンツをはかせてあげてよ。おもらししたら替えてあげればいいだけじゃない」と勧めました。私が「こんな小さい赤ちゃん用の普通のパンツなんて売っていないよ」と言うと、「うそでしょ！　あんたが行った店がよくなかったのよ。他の店をあたってみましょう」と、一緒に色々な店を回ってくれました。そのあげく、この国（アメリカ）では、とんでもなく長い年月おむつをつけさせていて、一番小さい下着が2歳用からしかないことを知り、母は心底驚いていました。

―ジュリア、11カ月児ユンナの母

家族の反対にあったら

おむつなし育児を実践する親にとって、より大きな問題は、家族による抵抗です。多くの家庭では、一緒に子どもの世話をしている家族との間で「おむつなし育児を実践するかどうか」について、多かれ少なかれ摩擦が起こるものです。例えば、家庭内の汚れについてどこまでがまんできるか、または、赤ちゃんとどのように過ごしたいかなどは、カップルの間でも意見が異なります。私自身の夫も、最初はとても懐疑的でした。そんなことをしたら、家中がオシッコだらけになるんじゃないか……という、まあ、よくある心配をしていたのです。

もしもあなたのパートナーがそういう理由で反対したら、「おむつなし育児をすれば多くのオシッコやウンチはトイレに流せるけど、そうじゃないと、オシッコ・ウンチは赤ちゃんの体にくっついて、最後はゴミになるのよ」と話してあげましょう。「時々やる」というオプションもあるし、カップルのどちらかが、直接何かしなくても排泄物をキャッチしたおまるを洗うとか、他の形で協力することもできます。とにかくおむつなし育児をスタートさせて、快く思っていないあなたのパートナーに、幸せそうに反応する赤ちゃんを見てもらえれば、パートナーもそのうちわかってくれるものです。

カップルによっては、「自分はパートナーに比べて、うまくできない……」と悩むケースもあります。これも、よくあることです。片方が中心的におむつなし育児をやっていると、もう片方のパートナーはだんだん自信がなくなってくるのです。そういう場合は、パートナーを「自分に合ったやり方でやればいいのよ」と励ましてあげましょう。あなたは赤ちゃんのサインを見ながらの方がやりやすいかもしれないけど、パートナーはタイミングを見ながらの方がやりやすいかもしれません。逆の場合もあります。ケイトという友人がいますが、彼女の夫は生まれて間もない赤ちゃんのルシアをおまるにささげる（抱きかかえてさせる）ようなことは絶対ありませんでした。でもある日、ケイトがルシアをおまるにささげていた際、彼女がどうしてもちょっとの間おまるから離れなくてはならなくなって、夫を呼び、ルシアを任せてその場を立ち去りました。

「ちょっとの間だけ、ルシアをおまるにささげてくれない？　ルシアがオシッコするまで、ただ、シーシーって言ってればいいだけだから」

その後、「ルシアのおむつを脱がせておまるにささげておいて」と夫に頼むことが何回か続くうち、いつのまにか夫は「指導」されなくても自分でうまくできるようになっていったのです！

ケイトのように、パートナーをうまく導いて参加させてあげて、自分は少し退いていきましょう。赤ちゃんも、お世話してくれるそれぞれの人がしやすいように協力してくれるものですよ。

最初に始めた時、オシッコを数回キャッチすることができました。夫は「わあ、すごいじゃないか！　紙おむつを3枚節約できたね！」とは言ってくれるのですが、その時はまだ、夫自身が協力するまでには至りませんでした。今では、夫はとてもよき理解者で、自信もついて、できる時には子どもにおむつなし育児をやってくれます。

――リアナ、11カ月児リアムの母

夫は最初から協力的でした。ただ、おむつなし育児がどういうことかを説明し、やり方も教えてあげなければなりませんでした。でも、一度オシッコをキャッチできて以降、夫は、汚れたおむつを替えるよりも、おむつなし育児の方が好きになりました。

――リサ、3歳児カイ、2歳児ノエの母

私は好奇心から試してみたいと思いました。妻と一緒に長い時間を東南アジアやインドで過ごしましたが、おむつをしている赤ちゃんを一度も見たことはありませんでした。妻のレスリーが妊娠した時、私は彼女に言いました。

「ねえ、わかってると思うけど、僕はおむつが必要だとは信じてないよ。僕たちの赤ちゃんに、おむつをつけたくないよ」

冗談で言ったつもりでしたが、妻はすごく怒って言い返してきました。

「はぁ？　なに言ってんのよ！　家中にオシッコされるなんてごめんだわ！」

その後、息子が生まれる少し前になって、私はおむつなし育児の記事を目にしたのです。それを読んで、「子どもがおむつの中ですることに慣れなければ、おむつの外ですることをすぐに覚えるようになるだろう」という私の理論は正しいのだということを確信しました。私は情報をもっと集めようと、おむつなし育児の本を買いました。そして、これが、単なる「1つの子育て方法」という以上に、「コミュニケーションという哲学」であることを学びました。私は深く納得したのです。さっそく妻にも本を読むように勧め、そして最終的には妻も納得してくれました。子どもが生まれておむつなし育児を始めた後も、やっぱり私の方が妻をリードしていましたね。

―ケビン、3カ月児ケイデンの父

私は最初から、とても熱心でした。でも、妻のランディはそうじゃなかったので、大変でした。私がローワンを毎回トイレへ連れて行くたび、特に彼がちょっと騒いだりした時なんかに、妻はとても機嫌が悪くなったものです。それでも私は続けたのです。数週間がたって、ローワンが成長してくると、彼がトイレに連れて行かれるたびに楽しそうに幸せそうにしているのが、明らかにわかるようになってきました。そうして、妻もやっと納得してくれたのです。

―チャールズ、8カ月児ローワンの父

夫は、最初はちょっと懐疑的でした。まあでも、心は開いて話は聞いてくれました。今では夫は、とても熱心に協力してくれます。おむつを汚さないで私たちとコミュニケーションをとれる赤ちゃんはすごい！　ということがよくわかったからです。夫は私よりも、息子のオシッコのサインを読み取って、息子に合図してオシッコさせるのが上手です。夫は外で働いていて子育てにあまり関われないので、おむつなし育児は赤ちゃんとのとてもよい触れ合いのチャンスになっています。

―エミリー、6カ月児オスカーの母

おむつなし育児を実践する共働きカップルの多くは、ベビーシッターさんなど、自分たちの代わりに赤ちゃんをケアしてくれる人に、うまく協力してもらっています。シッターさんなどを探す際、面接の時におむつなし育児をやってほしいことを伝えたり、あるいは、今もおむつなし育児を普通にやっている文化圏の出身者を雇ったりします。また、最初からあまり高い期待を抱かずに、時間の経過とともにケアしてくれる人がだんだん慣れるようにする共働きカップルもいます。ケアしてくれる人は、両親と同じくらい赤ちゃんに対する直感力がつき、赤ちゃんとつながることができるのです。よく言われる「幻のオシッコ現象（赤ちゃんの体をあなたの体にぴったりくっつけて抱っこしている時、特に赤ちゃんがおむつをしていないと、赤ちゃんのお尻あたりに急に生温かいものを感じて「あれ、オシッコ出ちゃった？」と思って確認してみても、何も出ていなくて、その直後に本物のオシッコが出る不思議な現象）」というサインを経験することもあります。でも、ケアしてくれる人がイヤがる場合は、あなたが家で赤ちゃんと一緒にいる時だけ、「パートタイム」おむつなし育児をすればいいのです。

うちのシッターさんは赤ちゃんにそんなことができるなんて知らなかったけど、「それはステキなアイデアだわ！」と実践に同意してくれました。彼女はオスカーがサインを出したりする様子に、ただ驚いていました。彼女が初めてオシッコをキャッチした時、どうしてできたのか彼女に聞いて

みました。彼女は、直感でわかったということで、口ではうまく説明できなかったのですが、「慣れてくると、そういうサインはとてもはっきりとわかるようになります」と言いました。

――エミリー、6カ月児オスカーの母

15歳になる私たちのベビーシッターは、台所でヘレンを抱っこしていた時、ヘレンがおもらしして自分が濡れたような気がして、自分の体を確かめました。でも、ヘレンがオシッコをした様子もなく、「何が起こったんだろう……」と、ちょっと混乱した顔をしていました。私は、「ああ、それはね、『幻のオシッコ』と呼ばれる現象で、おむつなし育児をしているとよくあることなのよ」と説明してあげました。彼女は「この人、何おかしなこと言ってんの……」という顔をしていましたが、その後すぐヘレンをトイレに連れて行き、戻ってくるなり「悔しいけど、あなたが正しかったみたい」と言いました。若いシッターさんはこの「幻のオシッコ」を学んで以来、ヘレンの世話をしていて一度もおもらしされたことはありませんでした。

――ケイラ、2歳3カ月児ジェーン、8カ月児ヘレンの母

勇気を持って下さい

おむつなし育児が「触れ合いとコミュニケーション」だと知った時、これはきっと正しいのだろうと思いました。毎朝起きてローワンのおまるの世話をするのは、すっかり生活の一部です。私が「トイレ行きたい？」と聞くと微笑みで応えてくれることには、本当に驚きます。トイレを使うことは、彼にとって「特別なこと」ではなく、「当たり前のこと」なのです。だから、私たち夫婦は、毎日とても豊かな気持ちで過ごしています。「赤ちゃんの世話を通して触れ合う」という、一般には「母親的」と考えられていることが、「父親」の生活の一部でもあるのは、とても幸せなことです。

―チャールズ、8カ月児ローワンの父

赤ちゃんの排泄のサインは、おっぱいがほしい時のサインに驚くほど似ています。排泄のサインを読み取ることは、空腹のサインを読み取ることと同じです。それは自然に生活の一部になっていきます。赤ちゃんの排泄のサインに気づいてあげることは、空腹のサインに気づいてあげることと同じくらい簡単で、いちいち動きを止めてやらなければならないものではなくなっていきます。

―メーガン、2歳6カ月児ノエミの母

私は環境問題にとても関心があります。毎年、220億枚の紙おむつが埋め立てられているなんて、どうにかしなければならないことだと思います。ゴミ問題の改善について、私たちにできることをやっていくということはとても重要です。

——エリック、3カ月児サンダーの父

私は以前、幼児教育者として、3歳から5歳までの健常児と障害児のための教育プログラムに携わっていました。子どもたちは障害のあるなしにかかわらず、まだトイレ・トレーニングが終了していませんでした。おむつに慣れすぎて、トイレでの排泄を学習し直すのに本当に大変な思いをしている子どもたちを見るにつけ、「自分の子どもが生まれたら、できるだけ早い時期からおむつの外でさせてあげよう」と誓ったのです。

——ギギ、1歳6カ月児ベンの母

3 お助けグッズで始める準備をしましょう

ダイパージーニー（紙おむつ専用ゴミ箱）、ワイプス・ウォーマー（赤ちゃん用ウエットティッシュ温め器）、おむつバッグ、おむつ替え専用テーブルといったグッズが、おむつの世話を楽にしてくれるのと同様に、おむつなし育児のためのお助けグッズがあると、とっても楽になります。おむつなし育児に対する社会の関心が高まってきた今では、様々なグッズが登場してきたため、新しく始める人は、ちょっとしたガイダンスなしには、どのグッズを買ったらいいかわからなくて混乱してしまうかもしれません。この章では、おまるや布パンツ、布おむつ、夜間用の敷きパッド、その他ベビー用の特製服など、どんなグッズが役立つかについてお話ししていきます。

スリングとベビーキャリー（抱っこひも／おんぶひも）

「おむつなし育児なのに、どうしてスリングやベビーキャリーや赤ちゃんの服の話が出てくるの？」と不思議に思われるかもしれません。でも、おむつなし育児と赤ちゃんの服やスリングは、とても深い関係にあるのです。これまで、親のミーティングにたくさん参加してきましたが、時々、おむつなし育児のミーティングに来ているのか、赤ちゃんの服についてのミーティングに来ているのか、わからなくなることもありました。おむつなし育児実践者は、多くの時間、赤ちゃんを腕の中に抱っこしていることを好みます。生まれたばかりの動かない頃は特にです。もちろん、あなたもそういうふうにしなければいけない、という意味ではありません。赤ちゃんをいつも抱っこしていなくたって、おむつなし育児はできます。ただ、多くの親は、赤ちゃんが生まれて間もない小さい時期に、気持ちよさそうに横になっている赤ちゃんを腕の中に抱っこしながら、「この子には、どういうやり方をしてあげたらよいのかな……」とワクワクしながら色々考えたりトライしたりするのが好きなのです。マーケットに出回っている様々なベビーキャリーなどの赤ちゃんグッズを選ぶにあたって、どういう点を考慮したらいいのか、それらグッズがどう役立つのか、説明していきましょう。

生後から8カ月くらいまでの、あまり動かずにあなたの近くにいてくれる赤ちゃんに対して、おむつなし育児は比較的簡単です。今も普通に「おむつなし」をしている国々では、赤ちゃんはほとんどの間、大人の腕の中にいます。そのため、親は赤ちゃんがオシッコ・ウンチをしたくてモゾモゾすると、すぐ気づくことができるのです。

また、重要なこととして覚えておいていただきたいのですが、赤ちゃんは、オシッコ・ウンチをするときは、抱っこやおんぶしてくれている大人から離れたがるものなのです。だから、赤ちゃんをスリングから降ろした時などは、おまるにささげるよいチャンスです。なぜなら、赤ちゃんは、あなたの腕の中にいる時は、排泄したがらないからです。あなたと赤ちゃんは、そうするうちに、互いのリズムをつかんでいくことでしょう。それは、「赤ちゃんを何がなんでもスリングの中で抱っこしていなさい」という意味ではありません。スリングの中にいる時は、排泄したくなったらサインを出し、それ以外のときは気持ちよく眠っていてオシッコ・ウンチはしないということを、わかっていただきたいだけです。もしもモゾモゾし始めたり騒ぎ始めたり他のサインを出して排泄を知らせたら、スリングから出してあげて、正しいポーズで排泄するのを手助けしてあげればいいのです。また、スリングやキャリーの種類によっては、赤ちゃんを抱っこしている間おむつをはずしておくことが可能なものもあります。キャリーの中に、布おむつのような薄い布を重ねて敷いて、赤ちゃんとあなたの肌がなるべく直接触れるような感じで抱っこするのです。赤ちゃんとのこの特別な「肌と肌の触れ合いタイム」を通じて、赤ちゃんの排泄パターンがわかりやすくなります。

《親が語る！　おむつなし育児グッズ》

スリングを使ってフェリックスを抱っこすると、私たちの両手が自由になって、フェリックスの体がより近くなり、排泄のサインを感じやすくなります。それから、フェリックスは、スリングの中で抱っこされて眠っている間は、オシッコをしないのだということもわかりました。だから、ちょっとした外出の時でも「おむつなし」ができます。出かける前にトイレでオシッコさせて、それからスリングに抱っこして出かけ、目的地に着いてフェリックスが目を覚ましてサインを出したら（たいてい騒ぎ出すかモゾモゾし出す）、スリングから出してオシッコさせてあげるのです。

—カレンとプラヴィーン、1歳5カ月児フェリックスの両親

どんなスリング／キャリー（抱っこひも／おんぶひも）がいいの？

長男ベンジャミンが生まれた頃、私はスリングやキャリーに夢中でした。あの時期、ほとんどの種類のスリングやキャリーを試したものです。一番気に入っていたのは、シンプルで使いやすい、肩パッド入りのリングつきスリングと、赤ちゃんをおんぶするのにとても快適な、バックパック型のキャリーでした。それから、息子が少し大きくなってからは、重くなった赤ちゃんの体重を私の腰を使って支える作りの、ヒップ・キャリーやポーチ型スリングなんかが便利でした。体に巻きつけて使うタイプの「ラップ・スリング」と呼ばれる長い一枚布で袋を作って、体の前で抱っこしたり後ろにおんぶしたこともありました。また、「ポデギ」と呼ばれる韓国の伝統的なおんぶひもも、近くに住んでいる大勢の親類（韓国系アメリカ人）に教えてもらって使いました。こんな感じで、私は赤ちゃんのスリング／キャリーにすっかりハマってしまいました！　けれども正直、どれが果たして一番よいのか、どこからも情報を得られなくて、結局何枚もの布を買って自分にしっくりくるベビーキャリーやスリングをデザインしたりもしました。そのうち、いくつかはうまくいったけど、あんまりうまくいかないものもありました。

でも幸い、その数年後に、信じられないほどの、ありとあらゆる種類のスリングやキャリーが発売されるようになりました。もう、自分に合うスリングを、苦労して作る必要はありません（もちろんあなたが手作り大好きなら、ぜひ、作って下さい！）。今はきっと、あなた自身にぴったりのスリング／キャリーを見つけられるでしょう。そのスリング／キャリーについて、どんなタイプがあって、どうやって使うのか、ざっとご説明します。

●リングつきスリング(Ring Slings)

リングつきスリングはご覧になったことがあると思います。最近、とても人気が出ている商品です。リングつきスリングは、長い布でできていて、パッドの入っているものと、そうでないものがあります。パッドのあるなしは、個人の好みで、パッド入りのものは快適ですが、かさばるという欠点があります。パッドなしは調整がしやすいですが、人によってはあまり使い心地がよくないかもしれません。私は、両方のタイプともそれぞれに好きで使っていました。布の一方の端には2つのリングが縫いつけられていて、スリングのもう一方の端は、大きい輪（ポケット）を作るためにリングに通すように作られています。イメージとしては、一方の肩から、体をクロスする感じでスリングをわたして作るポケットの中に、赤ちゃんを抱っこする感じです。

リングつきスリングのよいところは、赤ちゃんを色々なポジションで抱っこできる点です。赤ちゃんが座った姿勢でもいいし、横になってもいいし、抱っこしている人と対面する姿勢でも、逆を向く姿勢でも、あなたと赤ちゃんに最も快適な姿勢で抱っこできるのです。使い方も簡単ですぐにつけられます。たいした手間もなく、赤ちゃんをスリングの中に入れたり、出したりできます。リングに通した布を引っ張ることで、きつくしたりゆるくしたりと調整が簡単にできます。スリングによっては、リングつきスリングの形はしているけれど、色々と調整できるリングの代わりにスナップがついていたり縫いつけられていて、赤ちゃんを入れる部分が最初からポケット状になっているものもあります。スリングに使われる素材も色々で、綿、麻、リネン、メッシュ、フリース、それからゴージャスなシルク製のものもあります。

●ラップ・スリング／ベビー・ラップ(Wrap Slings)

ラップ・スリングは、最もシンプルなスリングだと思います。一枚の長い布でできていて、様々な形で体に巻きつける感じです。布はとても長いので、何回も体に巻きつけることが可能です。初めて使う人には、この「何回も体に巻きつける」プロセスがちょっと面倒かもしれませんが、練習すればそのうちに完璧に使いこなせるようになります。このラップ・スリングのすごい点は、多種多様な形で使えるところです。体の前や、後ろや横にも抱っこやおんぶができて、赤ちゃんをあなたの体にしっかり固定できるのです。ラップ・スリングは、布を両肩にわたして体に巻きつける感じなので、肩や腰にかかる圧力が分散されるため、疲れにくく、体がとっても楽なんです。ラップ・スリングは世界中の様々な国々で昔から使われてきました。素材も色々で、人によっては、「メキシカン・レボソ（Mexican Rebozo）」と呼ばれる硬い生地が好きな人もいるし、柔らかい伸縮性のある素材が好きな人もいます。ラップ・スリングは織布でできていて、ドイツのDidymos社やStorchenwiege社のものが人気があってデザインも豊富です。ラップ・スリングはブランケット（かけ布）としても使えて便利です。たった1枚の長い布からできているので、お好みで色々な使い方ができて、おススメです。

●メイタイ(Mei-Tais)

メイタイは中国の伝統的な抱っこひもで、今では様々なタイプのものが売られています。四角の布の4つの角から、幅広なひもが4本出ているというデザインです。赤ちゃんは大人の背中か前側に、大人の体と逆向きに抱っこされる感じになります。ラップ・スリングのように、最初は使いこなすまでちょっと練習が必要ですが、慣れてしまえば簡単です。つけ心地がよくて、ひもを両肩に交差させるデザインのおかげで、背中にあまり負担を感じないので、長時間赤ちゃんを抱っこすることが可能です。

リングつきスリング

どんな姿勢でも使える。
使い方も簡単で人気

ラップ・スリング

赤ちゃんをしっかり固定、
お母さんの体もラク

メイタイ
長時間の抱っこでも
疲れにくい

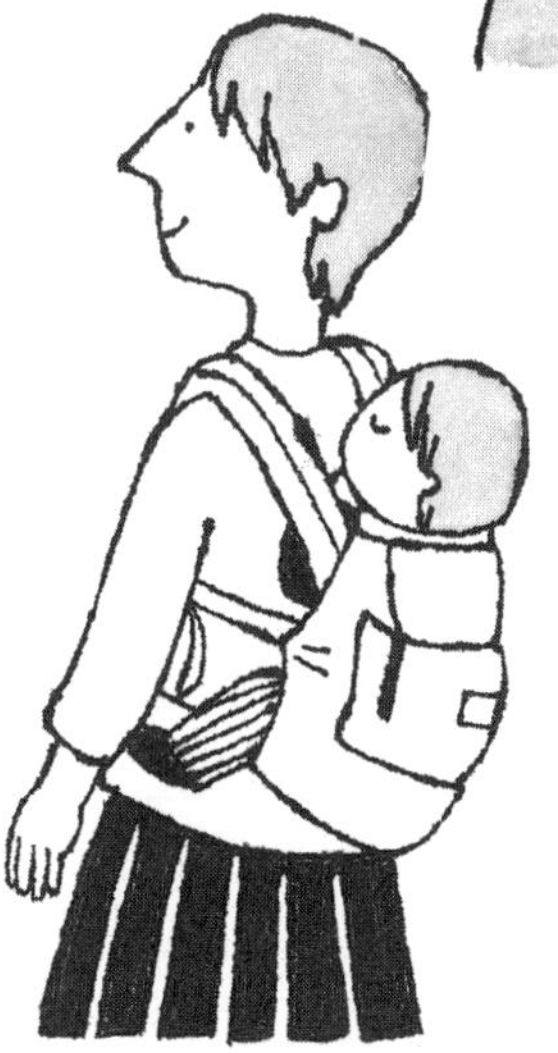

バックパック型キャリー
大きな赤ちゃんも支えられる。
お父さんにも人気

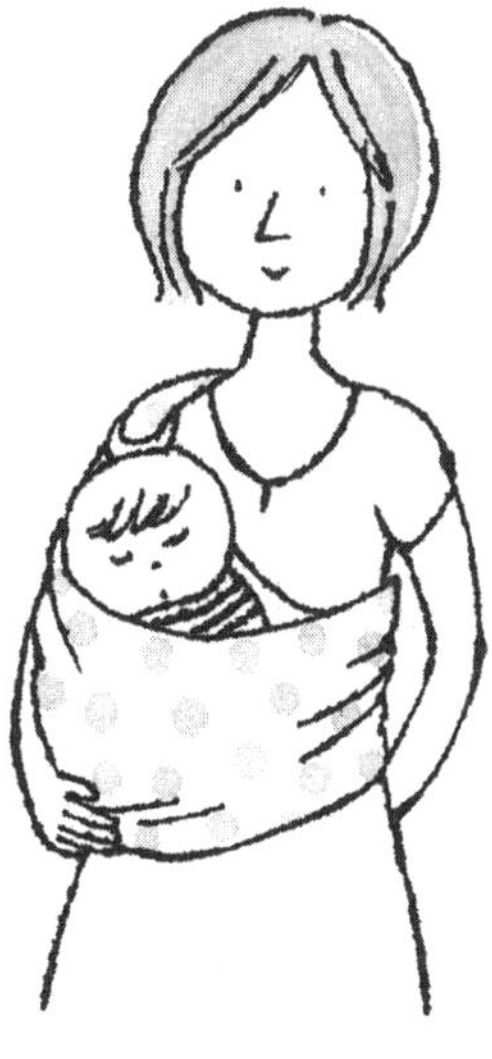

ヒップ・キャリー
赤ちゃんが少し
大きくなったらおススメ

●ヒップ・キャリー、チューブ型／ポーチ型スリング(Hip Carriers, Tube Slings, and Pouches)

赤ちゃんが少し大きくなって座ることができるようになったら、ヒップ・キャリーや、チューブ型／ポーチ型スリングなどがいいかもしれません。これらは、リングつきスリングに似ていて、片方の肩にわたして抱っこ／おんぶする感じですが、リングつきスリングよりもう少しスマートで、布も最小限しか使っていません。これらを使っておんぶすると、赤ちゃんの体重をあなたの腰の一部で支える感じになります。ヒップ・キャリーは、体を支えるために腰の部分にひもがついているものです。チューブ型／ポーチ型スリングの素材は、フリース、綿に加え、水の中でも抱っこできるメッシュ素材もあります。Maya Wrap 社のものや、HipHugger 社のものなどが人気です。

●バックパック型キャリー(Soft Backpack)

バックパック型キャリーは、前抱きも後ろ抱きもできるもので、パッドを効果的に使用して、背中や肩や首への負担を最低限にするデザインになっています。最初から型ができあがっているデザインなので、体に巻きつけるタイプの抱っこ／おんぶひもと異なり、使い方を練習する必要がほとんどありません。このタイプのキャリーは、特に父親に人気ですね。私の好きなバックパック型キャリーは、Ergo 社のものです。腰の部分に幅広のストラップがあるので、腰で赤ちゃんの体重を支えられます。Ergo社のものは、ある程度体重の増えた赤ちゃんでも、比較的楽に抱っこすることができます。赤ちゃんの成長はとても早いので、1種類の抱っこ/おんぶひもでは間に合わなくなります。人によっては、その時の状況や赤ちゃんの発達段階によって、抱っこ/おんぶひもを使い分けたりします。私が新しい家に引っ越して、荷解き作業をしていた時には、バックパック型キャリーに赤ちゃんをおんぶしていました。長い間赤ちゃんをおんぶしていても、あまり疲れませんでした。一方、散歩やお出かけの時には、赤ちゃんの顔を近くで見ていられるスリングを愛用していました。かさばらない色々なタイプのスリングを、車の中とか玄関とか、家のあちこちに置いておいて、いつでも使えるようにしておくのもいいアイデアです。とにかく、スリング/キャリー選びは楽しいのです!

《抱っこひも/おんぶひもについてのミニ知識》

★おむつなし育児を始めて間もない頃は、なるべく赤ちゃんをあなたの近くにおくことで、赤ちゃんとのコミュニケーションが楽にとれます。

★様々なタイプのスリング/キャリーが販売されています。リングつきスリング、ラップ・スリング、メイタイ、チューブ型／ポーチ型スリング、そしてバックパック型などなど。
★目的によって、どのスリングがよいかは異なります。その時の状況や、赤ちゃんの成長によって、使い分けることをお勧めします。
★赤ちゃんは抱っこされている時、オシッコがしたくなると知らせてくれます。スリングから降ろす時に、トイレやおまるにささげてみましょう。

布おむつはやっぱり便利なのです！

ここで布おむつの話を始める前に、大切なことを申し上げます。ずっと紙おむつを使っていても、おむつなし育児は可能です。ずっと紙おむつだけでおむつなし育児に成功したご家庭もたくさん知っています。もしも、紙おむつの便利なところが好きならば、「おむつなし育児は布おむつでないと……」と心配する必要はないのです。

ただ、「何枚かの布おむつを手元に持っていると、おむつなし育児の実践がより楽になる」という事実は、説明させて下さい。そして、他のノウハウと同様、これも、「絶対そうしなければならない」というものではないことを覚えておいて下さい。おむつなし育児をする多くの家庭では、最初、紙おむつを中心に、時々布おむつを使っていますが、赤ちゃんとの間でのコミュニケーションがうまくいくようになってあまりおもらしされなくなるにつれて、お金のかかる紙おむつよりも、布製おむつや布製トレーニング・パンツを使うようになっていくケースが多いのです。私が出会った親の中にも「最初は紙おむつだけを使用していたけど、おむつなし育児を始めるようになって少しだけ布も使い始めた」というケースがたくさんあります。赤ちゃんがトイレやおまるでしてくれるようになったためにほとんど濡れていない紙おむつを何枚も捨てるうち、布に変えて節約できるお金の額が、だんだんわかってくるからです。布おむつをずっと使うことも可能です。あなた自身で洗ってもいいし、地域の信頼できるレンタル布おむつサービスを利用しても大丈夫です。とにかく、おむつなし育児とおむつの種類にはたくさんのオプションがありますから、あなたの状況に一番無理がない方法を選んで下さい。

もしも、あなたが布おむつに興味があって、でも、実際に使うのはなんだか大変そう……としり込みしているのでしたら、私がこれから説明する情報を読んでください。布おむつが意外と大変じゃないことがわかります。そして、時々でもいいから布おむつを使うことで、おむつなし育児がやりやすくなる理由も説明します。

まず最初に、布は紙よりも、オシッコ・ウンチが出たことがわかりやすいので、赤ちゃんの排泄ニーズにより早く応えてあげることができます。これが、おもらししても、あまり濡れたことを感じない作りになっている紙おむつだと、なかなか難しいのです。だから、例えば1日に1度だけ「おむつなし」にトライすると決めた場合に、その時だけは布を使うということもできるのです。また、カーペットが敷き詰めてあるなど、おむつなし育児に向いていない家の場合には、「100%おむつに頼る」段階から、「あなたと赤ちゃんの準備ができたので完全におむつをはずす」段階への移行期に、布おむつや布製トレーニング・パンツがとても役に立つのです。

布おむつの使い方

ベビースリングと同様、布おむつにも様々なものが出回っているので、選ぶのに頭がクラクラするかもしれません。ここでは、布おむつのうち、アメリカでのおむつなし育児に使われているいくつかの基本的なタイプについて、簡単に紹介します。もっと詳しく知りたい場合は、巻末の「おむつなし育児　お役立ち情報」をご覧下さい。

●プレフォールドおむつとおむつカバー(Prefolds and Covers)

プレフォールドおむつは、アメリカで使われている布おむつです。長方形で、綿か麻素材の布を重ねて縫い合わせてあり、周辺部分に比べて、中心部分が分厚くなっています。色々なサイズ、色々な厚さのものが売っています。私がおむつなし育児を始める前に布おむつを使っていた頃は、なるべく長い時間おむつ交換をしなくて済むように、最も分厚くて吸収性の高いタイプのプレフォールドおむつを買って使っていたものでした。でも、おむつなし育児を始めてからは、1回分のおもらしを吸収するのに十分な、より薄いタイプのプレフォールドおむつの方が、おむつなし育児には向いているとわかりました。

アメリカの布おむつファンに最も人気があるのは、中国製のものか、レンタルおむつサービス（Diaper-Service Quality: DSQ）のプレフォールドおむつです。これらはとてもシンプルな形をしているので、様々な使い方ができます。おむつをピンでとめて赤ちゃんにつけているだけの家庭もあれば、ポリエステル、ナイロン、綿、フリース、ウール（初めから防水性がある天然素材）などの、防水加工した素材でできたおむつカバーの中に、プレフォールドおむつを入れて使う家庭もあります。これらのおむつカバーの使い方は、マジックテープでとめるだけなので、とても簡単です。カバーが汚れたり濡れたりしなければ、毎回洗う必要もありません。そのへんに干しておけばいいのです。複数のおむつカバーを何回か使いまわすことはみなさん、普通にやっています。

厚手のプレフォールドおむつは普通の布おむつユーザーには便利ですが、ある程度経験を積んだおむつなし育児実践者は薄手の方を好みます。なぜなら適切な折り方をして使えば、1回のオシッコを吸収するには十分ですし、洗濯しても速く乾きます。厚手と薄手の両方を少しずつ買って、どちらが使いやすいか試してみると、いいかもしれません。

それから、できればおむつ用バンド（Prefold Belt）もあると便利です。幅広のゴムをフリースでカバーしたもので、赤ちゃんの腰につけて、赤ちゃんの股にはさんだプレフォールドおむつが落ちないようにとめるものです。ちょうど、おすもうさんのまわしのようなイメージです。これを使うとおむつカバーが要らなくなります。家にいる時などは、これで十分対応できます。ネットでも買えますし、シンプルなものなので自分で作れる方もいるでしょう。

布おむつとして使う、使わないにかかわらず、できれば何枚かのプレフォールドおむつを購入されることをお勧めします。おむつなし育児を実践するご家庭や、小さい赤ちゃんがいるご家庭にとって、とにかく便利なグッズです。スリングの中にはさみ込んだり、おむつをつけずに寝ている赤ちゃんの下に敷いたり、座れるけどまだ動けない赤ちゃんの下に敷いたりもできます。また、おもらしされた時に掃除する布としても使えます。紙おむつの大型パッケージの値段に少しお金を足せば、まあまあの品質のプレフォールドおむつ1ダース（12枚入り）が買えます。でもここで気をつけてほしいことがあります。アメリカのベビー用品店で取り扱っているプレフォールドおむつは、吸収性や品質があまりよくないものが多いのです。こういう商品にお金を無駄遣いすることは避けたいものです。巻末の「おむつなし育児　お役立ち情報」にある、信頼できる布おむつウェブサイトを参考にして下さい。

●フィット型布おむつ(Fitted Diapers)

フィット型布おむつはカバーなしでも赤ちゃんの体にしっかり固定させて使えます。あらかじめ赤ちゃんのお尻の形に合わせて縫製されていて、足とウェスト部分にギャザーがあり、スナップやマジックテープで開閉できるデザインになっています。紙おむつのようにサイドから開閉できる、厚手で吸収性のあるトレーニング・パンツとして利用することもできます。サイドから開閉できると、もしもおむつの中にウンチをされて脱がせる場合に、いちいち赤ちゃんの足を抜かなくて済むので便利です。フィット型布おむつは、「おむつなし」をやっている赤ちゃんが、「だいぶうまくいくようになってきたけど、普通の布パンツにするにはいまいち不安……」のようなレベルにある時などに、トレーニング・パンツとして大活躍してくれます。フィット型布おむつの上に防水性のあるカバーをはかせることもできますが、多くの親は、特に自宅で過ごす際には、カバーなしでこのおむつだけで過ごさせています。フィット型布おむつは、サイズが赤ちゃんに合っているかどうかに気をつけてあげて下さい。特に太もも部分ですね。Kissaluvs 社のフィット型布おむつが人気です。

●ポケットタイプおむつ(Pocket Diapers)

もう1つの特別な形のおむつとして、ポケットタイプおむつをご紹介します。有名なのはFuzziBunz社のものです。外側が防水加工してあり、内側がフリースでポケット状になっていて、そこに吸収体となる布を入れて使用できるデザインになっています。吸収体として使用できるものは、先ほどご紹介したプレフォールドおむつの他、マイクロテリー（Microterry）と呼ばれる特殊な素材でできているポケットタイプおむつ専用中敷きパッド、あるいは古布など、なんでもオーケーです。赤ちゃんがオシッコした際、肌が直接あたっているフリースの部分は、湿気を外に逃してくれるので、おむつをすぐに替えてあげられない状況の時や、夜間のおむつ使用時などに役立ちます。もう1つの長所は、ポケット部分を触ってみることで、おむつが濡れていないかどうかがチェックできることです。ただ、使用の際に注意しなければならないこともあります。私が知っている親たちは、ポケットタイプおむつは便利だけれど、紙おむつに似たところがあって、おもらしをしてもフリースの表面が乾燥しているので赤ちゃんがおもらしを感じにくいと言います。特に大きくなった赤ちゃんに使用する際には気をつけないと、赤ちゃんの排泄コントロール能力や、あなたとのコミュニケーションを阻害してしまうリスクもあります。ポケットタイプおむつを使用する場合は、そのことに十

プレフォールドおむつの使い方

たたんでおむつ用バンドでとめれば取りはずしも簡単。他にもいろんな使い方ができます

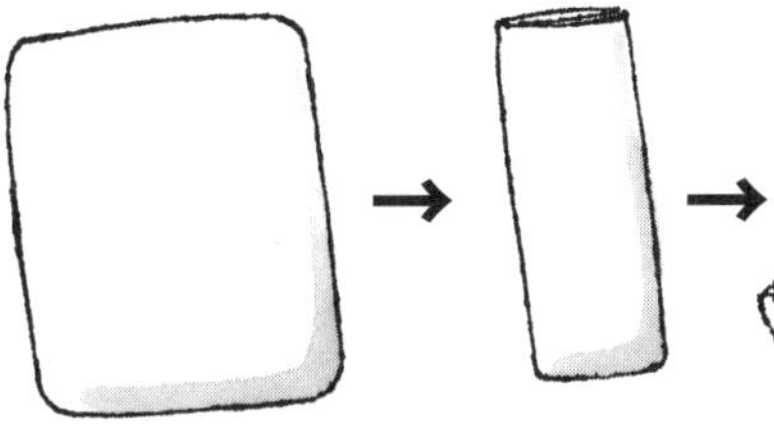

フィット型布おむつ

初期のトレーニング・パンツとしても活躍

一体型（オールインワン）おむつ

紙おむつに似たデザインで扱いやすい

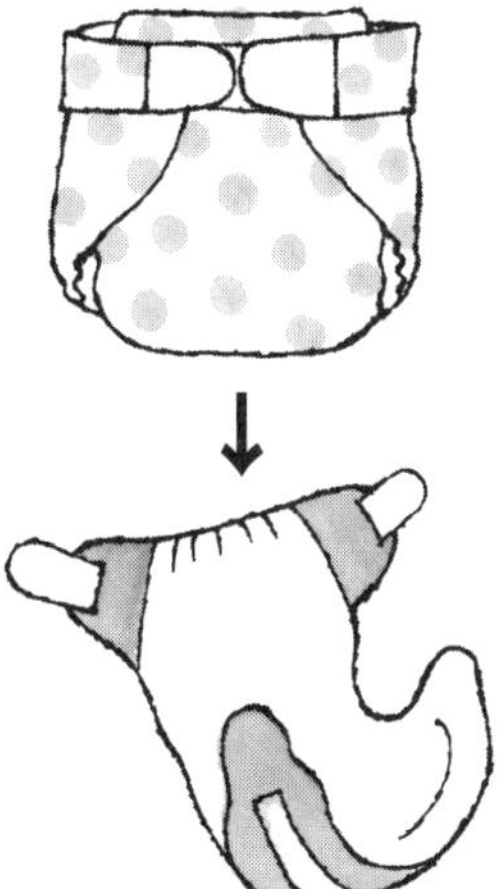

ポケットタイプおむつ

専用中敷きパッドなどを内側のポケット部分に入れて

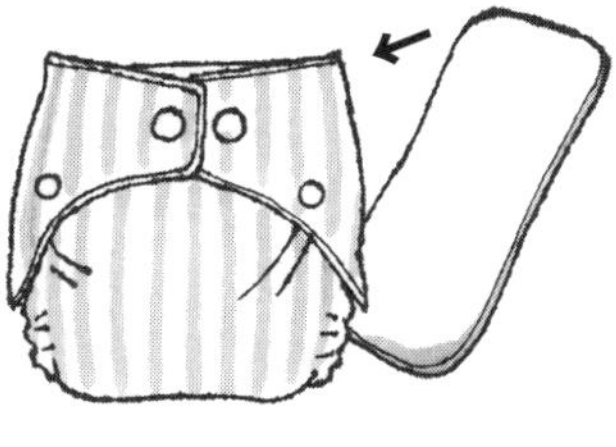

分気をつけて、赤ちゃんの排泄のタイミングやサインに気を配って下さい。

●一体型(オールインワン)おむつ(All-in-Ones：AIOs)

私の夫は、一体型おむつが大好きです。彼はBumkins社の一体型おむつをたくさん買い込んで、たいていそれを使っていました。どうして夫がそんなにも気に入ったかって？　それは、他の布おむつは、いちいちおむつカバーの中にプレフォールドおむつを敷いたりしなければならなくて面倒くさいけど、一体型おむつは紙おむつに似たデザインなので、扱いやすいからです。一体型おむつは、ネル生地のおむつと防水加工されたカバーが縫い重ねられていて、マジックテープで開閉するデザインになっています。簡単に着脱できて、紙おむつの代わりとしても使えます。ただ、一体型おむつは他のおむつに比べると高額です。でも、一度買ってしまえば、同じおむつを2～3人の子どもに使用できます。特におむつなし育児中であまりおむつを使わなければ、おむつの消耗も少なくて長持ちします。私たちの場合は、一体型おむつの新生児サイズから1歳サイズまでを買い揃えるのに、数百ドル（数万円）使いました。それで、2人の息子に使いましたが、もう1人の子どもに使えるくらい、まだちゃんとした状態です。何年もの間、2人の息子に紙おむつを使い続けたとしたら、数千ドル（数十万円）かかったわけで、そう思えば安い買い物だと思います。

●日本の布おむつ

日本で昔から使用されている輪おむつ（さらしのおむつ）や、昔からあるおむつカバーなども、もちろんおむつなし育児に使用できます。輪おむつは、たたむのが少し面倒かもしれませんが、洗ってすぐに乾くので、湿気の多い日本ではとても便利だと思います。日本の輪おむつは、先に紹介したアメリカで使用されているプレフォールドおむつの代わりに十分使用できます。また、輪おむつは、おむつとしてだけでなく、適当な大きさにたたんだり、重ねたりすることで、赤ちゃんのおむつをはずして寝かせておく時や、おむつをはずしてスリングなどに入れて抱っこする時などに、お尻の下に敷いて使うこともできます。床におもらしされた時には、掃除する布としても使えるようです。

私が日本で出産した3番目の子ミアには、アカチャンホンポで売っているイージーチェンジという成形布おむつを愛用しました。扱いが楽で、すぐに乾いて、とても便利でした。アメリカでおむつなし育児を実践する友人たちにも、お土産として持っていってあげて喜ばれています。

また、この章でご紹介しているおむつバンドは日本でもネットショップで買えますし、代用品として、日本の100円ショップで売っている伸縮性のある大人用ヘアバンドも十分使えると聞いています。この本の巻末に挙げた、日本でおむつなし育児を実践された方の著書『布おむつで育ててみよう』には、日本の布おむつ情報がたくさん紹介されていて便利です。

トレーニング・パンツと赤ちゃん用下着

あなたと赤ちゃんの排泄コミュニケーションがスムーズになって、おもらしも減ってきたら、布おむつやお金のかかる紙おむつを、そろそろやめてみてもいいかもしれません。少し前までは、赤ちゃんサイズのトレーニング・パンツや下着が売っていなくて、おむつなし育児をする多くの親は苦労しました。でも今では、たくさんの小さな会社がおむつなし育児のためのグッズを生産販売するようになり、様々な種類のものが出回るようになりました。

おむつなし赤ちゃん用のトレーニング・パンツは、綿生地を重ね縫いした吸収体（1回程度のオシッコを吸収できる）を縫い込んだデザインになっています。すでにご紹介したフィット型布おむつにちょっと似ていますが、トレーニング・パンツはもっとスリムな感じです。その中でもポキト・パンツ（Poquito Pants）や、スナップ・パンツ（Snap Pants）は、外側が防水性のあるナイロンやポリエステルでできていて、内側の肌に触れる部分は綿でできています。これらメーカーのものは、どれも赤ちゃん用サイズのトレーニング・パンツが揃っています。オーガニック・コットンのものもあります。

ここにご紹介したトレーニング・パンツは、1回程度のオシッコは吸収できます。そして、もしもトレーニング・パンツの中にオシッコしてしまったら、すぐにきれいなものと取り替えてあげて下さいね。また、小さい赤ちゃんサイズの下着やトレーニング・パンツが見つからなければ、どこでも売っている2歳児用サイズのものを買って、赤ちゃんの体にフィットする大きさになるまで熱いお湯につけて縮ませるという方法もあります。Hanna Andersson社のトレーニング・パンツと下着も、品質がよくてフィット感がすぐれ、また長持ちすることから、多くのおむつなし育児家族の間で人気です。トレーニング・パンツだけでは不安な時は、その上からおむつカバーをつければよいのです。

ところで、あなたの赤ちゃんがトレーニング・パンツや普通の布パンツをはくようになると、ガサガサかさばるおむつをつけていた頃と異なり、その上に着る服のフィット感が変わってきます。その時のために、小さいサイズのズボンやレッグウォーマーはとっておいた方が賢明かもしれません。ちなみに私の息子は、3カ月児用の服を、生後3カ月から1歳近くになるまで着ていました！（グッズに関する情報詳細は、巻末の「おむつなし育児　お役立ち情報」をご覧下さい）

《親が語る！　初めてのおむつなし育児》

赤ちゃんの「おむつ生活」の中で、「布製トレーニング・パンツ」や「布製パンツ」を使い始める方法は色々あります。赤ちゃんが、おむつじゃなくて普通の下着をつけているのは、とても愛らしいものです。私の場合は、気に入ったデザインのトレーニング・パンツや下着を見つけては、少しずつ買いためていきました。私の「おむつなし育児」はその日によって、以下のような感じでやっていました。

★ある決めた時間だけ（例えば４時間だけとか）、布製トレーニング・パンツや布製パンツを使う

★家にある布製トレーニング・パンツや布製パンツを全部使いきるまでやる

★「１日何枚」と決めて、布製トレーニング・パンツや布製パンツを使う

赤ちゃんがいる生活というのは洗濯と切っても切り離せないわけです。布おむつの洗濯も、全然おそれることではありません。特におむつなし育児をしていれば、そんなにたくさんのおむつは必要なくなります。布製トレーニング・パンツや布製おむつは、サッと下洗いすれば、他の洗濯物と一緒に洗えます。私はいつも、刺激の少ない洗濯せっけんをなるべく少量使って、柔軟剤などの余計なものは使用しません。柔軟剤は、生地をコーティングして吸水性を弱めるためのものなのです。おむつのシミなどは、日光にさらせば消えますから、洗った後に外で乾かせばよいのです。私の娘は、スリムな布製下着に変えてから、様子がとても変わりました。明らかに動きやすそうで、快適そうです。赤ちゃんにとって、それ以上によいことって、ないですよね？

―エミリー、2歳児デリアの母

おむつなし育児用のベビー服

最近になっておむつなし育児を始めた方は、本当にラッキーだと思います。私が2人の息子にしていた頃は、専用の服なんてなくて、ズボンの股の縫い目をほどいて開けて、赤ちゃん用のレッグウォーマーを作ったり、大きい子ども用のひざ上丈レッグウォーマーを買って赤ちゃんにはかせて、家でトレーニング・パンツだけでいる時に冷えないようにしたり……などなど、市販のベビー服を自分で仕立て直す努力をしなければなりませんでした。でもここ数年で、様々なおむつなし育児用ベビー服が出回るようになって、あちこちで販売されています。

ある時の「おむつなし赤ちゃんミーティング」で、1人の女性が質問してきました。

「おむつなし育児をしていると、普通のベビー服を着せてあげられないのかしら、出産祝いにかわいい服をたくさんいただいたのに……」

そんなことは絶対にありません！　心配しなくても、普通のベビー服だってちゃんと着られます。赤ちゃんにかわいい服を着せてあげることは、育児の楽しみの1つです。もちろん、おむつなし育児用のベビー服にも、かわいいものがたくさんあります。おむつなし育児を実践していると、赤ちゃんがオシッコ・ウンチをしたい時に、できるだけ素早く服を脱がせてあげることがポイントになってくるので、「おむつなし」がしやすい服を手に入れることは重要になります。家にいる時などは特にです。

股割れズボンは元々中国のもので、赤ちゃんや小さい子どもが、下着をつけないで直接はくズボンです。股の縫い目の部分が開いているデザインになっています。子どもが普通に歩いている時は、割れている股の部分は閉じて見えますが、トイレでしゃがむと股の部分が開きます。おむつなし育児中の親は、特に家にいる時に赤ちゃんに股割れズボンをはかせて、万が一オシッコ・ウンチをキャッチできない時のために、布おむつを折って中敷きみたいにして股割れズボンの中に入れたりすることもあります。ECストア（The EC Store）というネットショップではウールの股割れズボンを売っています。寒い冬には赤ちゃんの体を冷やさないでおむつなし育児ができます。素材はウールの他、綿、フリース製に加え、ゴージャスなベルベット製もあります！

もしも股割れズボンをお持ちでないのなら、他の方法もあります。友人のエリザベスは一般的な「赤ちゃん用カバーオール」で代用しています。カバーオールのような上から下までつながった服は、普通はおむつなし育児には向いていません。新生児期には特にです。エリザベスはこのカバーオールのベビー服の、股近くのボタンをはずして、ホームメードの「股割れズボン」に仕立て直しました。

ベビーレッグス（BabyLegs）は、小さなサイズのベビー用レッグウォーマーで、赤ちゃんの足首から太ももまでをカバーしてくれます（足の甲の部分のない長い靴下のようなものです）。特におまるをたくさん使用する時期などに、上半身だけ服を着せて、下半身は紙おむつや布おむつ、あるいはトレーニング・パンツや普通のパンツをはかせた状態にしておくと、赤ちゃんにオシッコ・ウンチをさせてあげやすくなります。こんな時、ベビーレッグスは赤ちゃんの足を冷えから守ってくれると共に、ハイハイをしている時にすり傷からも守ってくれます。ひざ上丈のベビーレッグスもあります。私は自分の子ども用に、すごくかわいいストライプのひざ上丈のものを見つけました！　すべり止めパッドはついていませんが、伝い歩きを始めたお子さんがすべって転倒するのを避けたい場合は、簡単にパッドがつけられます。そしてもちろん、女の子ならかわいいドレス、男の子なら長めのチュニック（丈が長めのシャツ）を上半身に着せて、「おむつなし」が簡単にできるようにするのもよいアイデアです。

防水加工済み敷きパッド

おむつなし育児用のベビー服に加え、大きいサイズのラップ・シーツやおむつ替えパッドのような、防水加工をしてある敷きパッドを購入されることもお勧めします。それを何枚か家のあちこちに置いておくと、赤ちゃんにおむつなしタイムを過ごさせてあげるのに便利です。このようなパッドやラップ・シーツに加えて、「2枚重ねフリース・パッド」も、赤ちゃんが快適に横になるスペースを作るのに役立ちます。プルパッズ（PULpads）という商品は、片面が防水仕様で、もう片面が吸収性のある麻になっています。私は大きなウール製フェルト・パッドも、家のあちこちに置いて愛用していました。ウールは天然の素材でありながら、防水性があって、取り扱いも簡単だからです。ウール製パッドの上に、柔らかい毛布をかけて、その上に赤ちゃんを寝かせていました。ちょっと高価ですが、色々な使い方ができて耐久性もあります。おむつなし育児を実践することで、「紙おむつを長年使う費用を節約できる」と思えば、こういったグッズにお金をかけることが、心理的にそれほど負担にならないかもしれません。多くの親は、赤ちゃんの「うつぶせタイム」や「ねんねタイム」に、赤ちゃんの体の下に大きめのパッドを敷いています。このようなパッドは、夜間おむつなしで寝かせる場合などにも便利です。お座りできるようになった赤ちゃんのために、フリースやウールのパッドを敷いて、部屋の中に快適な「遊びコーナー」を作ってあげて、その上でおもちゃを広げるのも、よいアイデアです。

おまるとおまるカバー

赤ちゃんが生まれた直後から、あなたが抱っこしてトイレや小さいおまるの中で排泄させることが可能です。どんなおまるでも容器でも、あなたが使いやすいと思えば何でも使えますが、ネットショップのECストアで売っているポティ・ボウル（Potty Bowl）は、おむつなし育児用に特別にデザインされたおまるです。あなたの両太ももの間にはさむように置いて、赤ちゃんをあなたのひざに抱っこした状態で楽にオシッコ・ウンチさせることができます。ポティ・ボウルは、なるべく目立たずに「おむつなし」するのにも役立ちます。実際、おむつなし育児をする多くの親はそう望んでいます。このおまるは小さくて軽いので、あなたのおむつバッグにすっぽり入り、お出かけ時にも持ち歩けます。友人のメリンダは空になったサワークリームの容器（日本で売っている1人分のヨーグルト容器くらいの大きさ）をポティ・ボウルの中に入れて使うと、出先でのオシッコ・ウンチの処理にとても便利だと言っていました。

生後数カ月すると、あなたの赤ちゃんは、本物のおまるに座れるようになります。赤ちゃんによっては、生後2カ月くらいから座れる場合もあります。様々な種類のおまるが販売されていますが、国を問わず人気があるのはベビービョルン（BabyBjörn）社製のリトル・ポティ（Little Potty）です。小さくて低くて、とても安定性があります。色も多数揃っています。ECストアが販売しているベビーワンダー・デラックス・クリア・ポティ（Babywunder Deluxe Clear Potty）と呼ばれる、透明なおまるもあります。ベビービョルン社のリトル・ポティに形が似ています。このおまるのよい点は、透明で中が見えるので、赤ちゃんがオシッコ・ウンチをしたかどうかを確かめるのに、いちいち赤ちゃんを抱き上げなくて済むし、赤ちゃんがまさにオシッコ・ウンチをする瞬間がよくわかって、的確なタイミングで「合図」を出してあげることができます。

また、ポティ・コージーズ（Potty Cozies）やポティ・タートルネックス（Potty Turtlenecks）

と呼ばれる、おまるの周囲にかぶせるフリース製の「おまるカバー」も便利です。特に寒い冬や夜間などは、プラスティックのおまるも冷たくなるので、そこに座る赤ちゃんがびっくりしないでオシッコ・ウンチをしてくれるためにおまるカバーは便利です。ポティ・ボウルには、ポティ・ボウル・コージー（Potty Bowl Cozy）というカバーを使います。

赤ちゃんが幼児用補助便座をのせたトイレに座れるようになったら、また、色々とチョイスが増えます。私はベビービョルン社のトイレットトレーナー（Toilet Trainer）という便座が好きです。特に男の子がいる場合、この便座は端が少し上がったデザインになっているので、男の子のオシッコが飛び散るのを防いでくれます。もちろん、女の子用としても使い心地がいいです。他にもいい補助便座がたくさんあります。

お出かけの時には、ポテッティ・オン・ザ・ゴー・ポティ（Potette On the Go Potty）のような携帯用おまるが便利です。使い捨てライナーがついていて、おむつバッグにすっぽり入る小さいサイズです。

日本のホーロー製おまる

日本で売っているホーロー製おまるも、おむつなし育児に大変便利だと聞きました（主にネットショップで販売。巻末の「おむつなし育児　お役立ち情報」参照）。先に紹介したポティ・ボウルと同様の使い方ができるでしょう。小ぶりでシンプルなデザインなのでとても使いやすく、外出時の車にも、気軽に乗せていけるようです。生まれたばかりの赤ちゃんなら寝たままの状態で、お尻にあてがってオシッコをとることもできますし、まだ首がすわっていない赤ちゃんを、ひざの上で仰向けに抱っこして、おまるにささげることもできます。首や腰がしっかりしてきたら、赤ちゃんを座らせてさせることもできるでしょう（必ず支えてあげて下さい）。授乳しながら赤ちゃんのお尻にあてがって、オシッコ・ウンチをとることも可能です。取っ手がついているので、よちよち歩きする頃には、自分のオシッコやウンチが入ったホーローおまるを、トイレに運んで流してくれる子もいるそうです！

ホーロー製おまるは直径20センチと22センチの2サイズありますが、2歳未満の場合は、20センチがよいそうです。寒い時期、ホーローは冷たくなるので、おまるカバーをかぶせてあげるとよいでしょう。おまるカバーは、日本のネットショップでも買えますが、手先が器用な方はフリースやウールなどの生地で簡単に手作りできます。これも、巻末に挙げた『布おむつで育ててみよう』に、作り方が紹介されていますので参考にして下さい。

色々と紹介してきましたが、今までご紹介したグッズを買わないとおむつなし育児ができないわけでは全くありません。あなたの赤ちゃんを、トイレや、キッチンにある普通のプラスティック容器や、古布や、普通のネルの生地などの上で抱っこしてあげて、「シーシー」させてあげるだけでも十分なのです！　でも、あなたがもしもこうしたグッズに興味があるのなら、ここでご紹介した情報を有効に活用してみて下さい。

それでは、いよいよ次の章から、おむつなし育児のステキな旅の始め方をご紹介します！

4 誕生おめでとう！赤ちゃんをよく理解して、スタートしましょう

……生後〜3カ月期……

かわいい赤ちゃんのお誕生、おめでとうございます！　あなたの人生の中で、素晴らしい経験が始まりました！　今日からあなたと赤ちゃんは、少しずつ、互いに理解し合っていきます。それはとてもステキなことであり、また、ちょっぴり骨の折れることでもあります。妊娠出産で消耗した体力を回復し、よい授乳をスタートし、夜中に何度も赤ちゃんに起こされる生活に慣れ、また、上のお子さんがいる場合には、そこに新たに加わる赤ちゃんとの暮らしに慣れ……ということ全ては、もちろん幸せなことではあるけれど、でも同時に、本当に目がまわることでもあります。

とにかく今のあなたに一番大切なことは、十分な休養をとって、しっかり食べて、できるだけ

周囲の人に助けてもらって、赤ちゃんとの暮らしを軌道に乗せていくことです。なるべく赤ちゃんの近くにいてあげて、あなたを選んで生まれてきてくれた赤ちゃんを、ゆっくり少しずつ理解していきましょう。

あなたと赤ちゃんの準備ができたら、いつでもおむつなし育児を始められます。生まれて最初の3カ月というのは、赤ちゃんがまだ排泄コントロールの身体機能を失わずにいる時期なので、おむつなし育児を始めるのに理想的です。

観察しましょう

あなたがもしやる気満々なら、赤ちゃんが生まれたその直後からでも、おむつなし育児を始めることはそんなに難しくありません。まずは赤ちゃんの排泄の仕草や、排泄パターンをよく観察することが大切です。生後すぐというのは、とてもやりやすい時期です。この時期は胎便以外にはあまりウンチが出ません。赤ちゃんの健康管理という視点からも、赤ちゃんのオシッコ・ウンチにできるだけ注意を配ることはとても大切です。もしも母乳で育てているのなら、排泄の回数や量が、母乳育児が順調にいっているかどうかを見る一つの目安になります。生まれたばかりの赤ちゃんは、毛布やタオルの上に裸で寝かせるか、あるいは股の間に布おむつや紙おむつをあてておくだけで、十分な排泄ケアができます。男の赤ちゃんなら、小さめのタオルをおチンチンの上にかけておくと、オシッコが飛び散るのを防げます。こうすることで、赤ちゃんの睡眠をジャマすることなく、オシッコやウンチが出たことをチェックできます。

また、おむつなし育児をする/しないにかかわらず、この生まれて数週間の赤ちゃんに対して、足先から首までひとつながりになった「カバーオールタイプのベビー服」はなるべく使わないことをお勧めします。生まれたばかりの赤ちゃんは「変化」にとても敏感になっていて、おむつ交換のたびに、頭から足までつながっている服をいちいち脱がされることを嫌がるからです。できれば、上下が分かれている服が理想です。シャツ1枚か、あるいはもう1枚程度上半身に着せて毛布をかけ、下半身はベビーレッグス(ベビー用レッグウォーマー)だけで十分です。赤ちゃんがもう少し成長して、変化にもそれほど敏感でなくなれば、色々なタイプのベビー服を楽しむことができます。

生後の数週間は、赤ちゃんが生活のリズムを少しずつ確立していく時期なので、睡眠や授乳のリズムもまだ一定ではありません。排泄についても同じで、とても不規則です。でも、大ざっぱな傾向はあります。まず赤ちゃんは、寝起きと、授乳中や授乳直後にオシッコ・ウンチをします。

だからそういう時は、赤ちゃんがどんな感じで排泄するのかを観察したり、赤ちゃんの排泄にあなたが気を配っていることを赤ちゃんに知らせてあげるチャンスでもあり、そして、赤ちゃんをトイレやおまるでさせるチャンスでもあります。この時期赤ちゃんは頻繁にオシッコ・ウンチをしますので、チャンスもたくさんあります。だから、「新生児期はオシッコ・ウンチの回数が多くて大変！」とネガティブに考えるのではなく、「**オシッコ・ウンチを通じて赤ちゃんとつながれるチャンスがいっぱいでラッキー！**」とポジティブに考えてみましょう。

どうやって排泄の「合図」を出すの？

ところで、「合図」って、何でしょう？　合図はおむつなし育児にとって、大変重要なものです。赤ちゃんに「合図」を出すということは、**赤ちゃんにオシッコ・ウンチをさせるポーズで抱っこした時に、大人が決まった音を出してあげること**です。多くの親はオシッコをさせる時に、「シーシー」あるいは「シューシュー」という水の出るような音を出します。あなたもこのような音か、または口から自然に出てくる他の音を出せばよいのです。ウンチの時には「ウーン」という、静かにうなっているようなイメージの音を出してあげます。どうしてなのかよくわかりませんが、これらの音を出しながら排泄させる方法は、多くの赤ちゃんにとても効き目があるのです。友人のエリザベスは赤ちゃんがリラックスできるように、赤ちゃんの頭に息をフーッと吹きかけて排泄の合図をしてあげるのだそうです。もしもあなたの赤ちゃんがオシッコに続いて同時にウンチをしそうになったら、合図もオシッコ用からウンチ用に変えてあげて下さい。

おもしろいことに、これら「排泄の合図」は、国や文化を超えて、世界中でとても似通っています。人間の親は本能的にこれらの音を出し、そして赤ちゃんも本能的に応えているみたいです。赤ちゃんが排泄するたびにこのような合図を出してあげると、赤ちゃんは排泄のポーズとその音とを結びつけて理解できるようになっていきます。そして最終的に、膀胱や直腸がオシッコ・ウンチで一杯になった時、「シーシー／ウーン」と合図を出してあげることで、筋肉をゆるめて排泄できるようになるのです。この**「合図→排泄」という赤ちゃんとのコミュニケーションが、おむつなし育児の基礎**となります。

もしも赤ちゃんのおむつをはずした時に、オシッコ・ウンチをし始めたら（多くの赤ちゃんはおむつをはずしたとたんによくします）、その行為が終わるまで「シーシー」「ウーン」と合図を出してあげてみて下さい。こうやって、「赤ちゃんがしている時に合図を出す」ことを繰り返していくと、赤ちゃんはだんだん、「シーシー／ウーンという合図を聞くとオシッコ・ウンチをしたくなる」ようになります。特に新生児期、赤ちゃんがあなたの腕の中でおむつなしでいて、オシッコ・ウンチをする確率が高い時（寝起きや授乳中など）は、いいチャンスです。赤ちゃんを抱っこしている時に、紙おむつか布おむつをお尻に敷くか軽く股にあてる程度につけておいて様子を見てみて下さい。そうすれば、赤ちゃんがいつオシッコ・ウンチをするかすぐわかって、「シーシー／ウーン」の合図を出してあげられるでしょう。

《親が語る！　生まれてすぐ始めた場合》

ヘレンが生まれた日、お尻の下に布おむつを敷いてあげて毛布にくるみ、私は一日中抱っこしていました。そうすると、オシッコ・ウンチが出る様子がわかるからです。出そうになると、「シーシー／ウーン」と合図を出してあげて、ヘレンが排泄しやすい姿勢に抱えてあげました。

—ケイラ、2歳3カ月児ジェーン、8カ月児ヘレンの母

ルビーが生まれる前に、新しいボウル型のタッパーを買っておきました。そうして、おむつを替える時に、そのタッパーの上で抱きかかえてささげてみたのです。ルビーのリズムはだいたいはっ

きりしていたので、寝起きにはいつもボウル型タッパーでさせていました。

―ヘイディ、生後5週間目のルビーの母

新生児の排泄ポーズ

私はおむつなし育児を始める親たちを、「少しずつでいいからやってみましょう」と言って励ましています。そして、「少しずつといわず、一日中できる時にはいつでも『おむつなし』をやりたい！」というやる気満々の親たちにも、「じゃあ、楽しく頑張って下さいね！」と声援を送っています。どんなやり方でも「おむつなし」にトライすることは、あなたの赤ちゃんにとって素晴らしいことなのです。色々なやり方がありますから、試してみて、自分のご家庭の状況にあったものを見つけて下さい。1日の中で「おむつなし」にする時間を決めてみるとか、普段はおむつをしていておむつ交換の時やお風呂に入る前だけ、おまるやトイレや家にある他の適当な容器にさせてみるなど、色々なやり方があります。オシッコよりもサインがわかりやすいウンチだけ、おまるやトイレでさせる家庭もあります。私の周りにも「赤ちゃん時代にはウンチだけおまるやトイレでさせて、1歳とか2歳とかもう少し大きくなってから、一般的なトイレ・トレーニングをしたという家庭がいくつかあります。

もしもまだ「おむつなし」に慣れなくて、やり方にいまいち自信が持てない時は、おむつを交換する時に、1日に1～2回、10分間でいいからおむつをはずしてみるか、おむつをきっちりつけずにお尻の下に敷くなどしてみて下さい。そして、どういうポーズでオシッコ・ウンチをするのが赤ちゃんにとって快適なのか、観察してみて下さい。全ての赤ちゃんが、典型的な抱っこのポーズが好きというわけではありませんし、数週間ごとで赤ちゃんの好きなポーズも変化していきますから、まずは様子をよく見て下さい。以前は嫌いだったポーズが、少し大きくなると好きになってくるというのも、よくあることです。赤ちゃんは、日に日に体もしっかりしてきます。首がすわって自分で頭を支えられるようになり、腰もしっかりして座っていられるようになってきます。成長するにつれて、色々なものの好みが変わるのと同じです。今日はこのポーズが好きでも、明日には違うポーズを好むかもしれません。どの赤ちゃんにも共通して言えることは、毎日変化しているということです！

生まれて間もない赤ちゃんのための排泄ポーズには色々なものがありますが、最も一般的なものは、トイレやおまるや洗面所などに**新生児を下から抱きかかえてささげるポーズ**です。トイレでこのやり方をするには、あなたはスクワットの姿勢で便器の前にしゃがんで、おむつをはずした赤ちゃんの太ももに下から手を添えて抱きかかえます。赤ちゃんはあなたの腕にしっかりかかえられる体勢になるので、安定していて快適です。また、あなたが通常とは逆向きにトイレにまたがって座り（トイレに対面する形）、赤ちゃんも同じ向きに座らせるように抱きかかえる方法もあります。赤ちゃんの体がまだ小さいなら、赤ちゃんの体を横抱きにかかえて、トイレでさせることもできます。赤ちゃんがオシッコ・ウンチをしそうな感じがしたら、トイレなどでこれらのポーズをとって、「シーシー／ウーン」と合図を出してあげてみて下さい。

赤ちゃんの体を下から抱きかかえて、ボウルのような容器、あるいは広げた紙／布おむつの上にささげて、オシッコさせるスタイルもあります。また、あなたのひざの間にホーロー製おまるやポティ・ボウル（Potty Bowl：「おむつなし」用に特別にデザインされた小さいおまる。3章参照）をはさんでさせてあげることもできます。多くの新生児は、授乳中にオシッコ・ウンチをすることが多いので、赤ちゃんのおむつをはずしてポティ・ボウルやホーロー製おまるにのせて授乳することで、授乳と排泄が同時にできるのです。

すぐにはうまくできない、と思うかもしれません。「成長と共に、赤ちゃんに新しい排泄ポーズをとる準備ができているかどうかを確かめながら、焦らずゆっくり続ける」ことがポイントに

新生児の排泄ポーズ

赤ちゃんの太ももに下から手を添えて抱きかかえる。トイレに対面してささげるやり方

授乳しながらオシッコをキャッチ。ホーロー製おまるを使うやり方

なります。最初がうまくいかなかったからといって、あきらめないで下さいね！　多くのおむつなし育児実践者たちは、頭の中にいくつかの「おむつなし育児」のヒントを持つことで、よりフレキシブルに対応できて、自分の赤ちゃんがその時好む「排泄ポーズ」を発見することにもつながると言っています。

私の知り合いのエミーリンが最初に始めた時のやり方は、とても参考になると思います。最初の1週間、赤ちゃんのメレディスにおむつをつけていましたが、オシッコ・ウンチをしたそうな様子を見つけるたびに、おむつはしたままの排泄ポーズで、「シーシー／ウーン」という合図を出しながら、体を愛撫してあげました。そうするうち、週の最後には、赤ちゃんを抱きかかえてポーズを取らせて、合図を出すと、オシッコ・ウンチをするようになったのです！　赤ちゃんは明らかにお母さんをよく見ていて、お母さんがしようとしていることに協力したのです。赤ちゃんとお母さんそれぞれがやり方を習得して、次のステップ（おむつをはずしてトイレやおまるの上で抱きかかえて「シーシー／ウーン」する）へと進んでいったのでした。

生後3カ月になった時、ヘレンはおまるをイヤがり始めました。そこで、トイレに連れて行ってさせると、すぐにしてくれました。

―ケイラ、2歳3カ月児ジェーン、8カ月児ヘレンの母

「見逃しちゃった」時は

オシッコやウンチをキャッチできなかった時は「見逃しちゃった」という表現を使います。「見逃す」ことは、新生児のおむつなし育児ではよくあることです。大切なことは、それを「失敗」と考えて落ち込んだりしないことです。それは、赤ちゃんについてよりよく知っていくプロセスにおいて、誰にでもある普通のことなのです。赤ちゃんがオシッコをした直後にあなたが気がついても、それは決して「失敗」ではありません。「見逃し」も、素晴らしい機会です。「見逃し」した後で、赤ちゃんがオシッコをする前に、どんな様子だったかちょっと思い出してみて、それを記憶にとどめておきましょう。「オシッコする前に、なんだかモゾモゾしてたわ」とか「ウンチが出る直前に、おっぱいを飲むのをストップしたわ」とかいう感じです。赤ちゃんがオシッコやウンチをしそうだと気づくたびに、赤ちゃんがどんな反応をするのか、頭にインプットしていって下さい。友人のエリザベスは「赤ちゃんのことがあまりにもわからないものだから、多くの親は、赤ちゃんが『育て方マニュアル』と共に生まれてきてくれたら、どんなに楽かしら……っ

て思っているわ」と言います。でもね、あなたが自分の赤ちゃんの排泄や、食事や、睡眠その他の行動について知れば知るほど、赤ちゃんはどんどん不思議な存在ではなくなっていくのです。少しずつでいいから、赤ちゃんについて理解していって下さい。そうすれば、赤ちゃんがどんな性格で、どうするのが好きなのかがわかってきますから！

もしもあなたが疲れてストレスがたまってきたら、ちょっと後戻りしてみましょう。世界中でおむつなし育児をする親たちは、「親の方が頑張りすぎないで、ちょっとリラックスしてゆるんでいるくらいの方が、うまくいく」と報告しています。

《親が語る！　オシッコ・ウンチの「見逃し」》

私はオシッコ・ウンチを「見逃しちゃった」時は、「コミュニケーションを見逃した」と考えるようにしています。「友達からの電話に出られなかった」くらいな感じですね。一般的なトイレ・トレーニングで言う「失敗しちゃった」じゃなくて、軽く考えるといいんじゃないかな。「失敗」と言ってしまうと、なんだか、取り返しのつかない大変なことをした気分になるけど、「見逃し」だと、友達からの電話にでられなかった時と同じように、あとでまた取り戻せることですから。

私の赤ちゃんはオシッコ・ウンチをちゃんとキャッチしてもらう方が好きなので、私が「見逃しちゃう」と、正直、「ああ、ちゃんと見てあげてなかったな……」って罪悪感を感じるわ。でもね、そういう時は、「……ううん、私は親としてできるかぎりのことはやってるんだから、それでいいのよ。もしも、キャッチできなくても、おむつをしてるんだから、大丈夫よ」と考えるようにしているの。

—エリザベス、5人の子の母

私たちには生後3カ月の赤ちゃんがいて、毎日学びの連続です。うまくいかない日もたくさんあります。でもおむつなし育児って、別に何か特別なことではないと思います。忙しくてバタバタしている時や、疲れている時なんかは、無理におむつなし育児をやることはありません。

—ケイト、6カ月児ルシアの母

—エリック、3カ月児サンダーの父

日によっては、キャッチよりも見逃すことの方が多い場合もあるわね。でもそういう日は、ただひたすら、おむつを替え続けるのみよ。おむつなし育児のことは一時忘れてね……そうね、次の昼寝時間が終わるまでとか、あるいは、次の日までとかね。

―エミリー、6カ月児オスカーの母

赤ちゃんが泣いたり騒いだりしたら

生まれたばかりの赤ちゃんによっては、オシッコ・ウンチをすることに苦痛を感じる赤ちゃんもいます。そのような赤ちゃんにとっては、排泄がとても不快な感覚なのでしょう。もしもあなたの赤ちゃんがそういう反応を示したら、いくつかのオプションがあります。赤ちゃんを、「新生児の排泄ポーズ」で、ボウルやトイレや洗面所（洗面所は使えます！　オシッコ・ウンチをしてもすぐ消毒できるし、流しの高さが新生児に排泄させるにはちょうどよい高さなのです！）などで抱っこしてささげてみて下さい。それでも赤ちゃんが嫌がったら、赤ちゃんのお尻の下に紙か布おむつをあてて、あるいは普通におむつをさせて（あてているだけの方が、オシッコ・ウンチが出たことがすぐわかります）、抱きかかえて「シーシー／ウーン」という合図を出してあげて下さい。どこでオシッコ・ウンチをするかということは、重要ではないのです。大切なことは、赤ちゃんの排泄と、あなたの合図（シーシー／ウーン）の声と、あなたが優しくそばにいてくれていることが全てつながっているのだということを、赤ちゃんに理解させてあげることです。それら一連のことが、近い将来、おまるなどでオシッコ・ウンチをするようになった時に生きてくるのです。繰り返しますが、新生児期に一番大切なことは、あなたが赤ちゃんのそばにいて、排泄の欲求に気がついて、赤ちゃんの体をオシッコ・ウンチで汚さないよう手助けをしているのだ、ということを、赤ちゃんに理解してもらうことなのです。

赤ちゃんによっては、オシッコ・ウンチをしたくなると（あるいはしている間）、泣いて知らせる子もいます。一見、「おまるやトイレでするのがイヤで泣いているの？」と思いますよね。でも事実は、多くの赤ちゃんは、オシッコ・ウンチをしたくて泣くのです。しかし赤ちゃんにおむつをつけっぱなしにしていると、そのことに気づきにくいのです。私が知るおむつなし育児をする多くの親も、「赤ちゃんは排泄したくて泣いているので、おまるやトイレでオシッコ・ウンチをし始めると、とたんに泣きやむ」と言います。

膀胱や直腸にオシッコやウンチが充満してくる感覚と、筋肉をゆるませてそれらを排泄するという行為は、生まれたばかりの赤ちゃんにとっては怖い感じがすることなのかもしれません。特にいつもおむつをつけている赤ちゃんにとっては、オシッコ・ウンチをすると自分の体が汚れるわけで、なおさら怖いのかもしれません。あるいは、あなたの抱っこの仕方が、赤ちゃんの好むポーズではなくて、それで不安になっている、という可能性もあります。でもこのポーズの問題は、時が解決してくれます。別のポーズを試したり、あるいは、「シーシー／ウーン」といった合図を出しながら、とりあえずはおむつの中でさせてみて、もう少し成長してからおまるやトイレでポーズをさせるとか、色々オプションはあります。とにかく、赤ちゃんと一緒に過ごす「排泄タイム」の間、赤ちゃんにいっぱい触って愛してあげて、豊かな時間にして下さい。

もしも赤ちゃんがいつまでも泣き続けていたり、明らかに不快な症状があるように見える場合には、排泄にまつわるなんらかの健康問題がある可能性もあります。そのような場合は、いっそう気をつけて見てあげて、気になればお医者さんに相談しましょう。私の知り合いの女医さんで、自分の赤ちゃんにおむつなし育児をしていたところ、いつもと様子が違うことから尿路感染症にかかっていることを、発熱前に発見した人もいます。赤ちゃんが泣き続ける時、他の可能性としては、裸にされた時に冷たい空気にさらされるのを嫌がる、ということもありえます。こういう場合は、おむつを替える時や排泄をする時に部屋を暖かくしたり、赤ちゃんの体をなるべく覆って温めてあげるなどの工夫をしてみて下さい。あるいは、おむつかぶれで痛がって泣いている可能性もあります。もしもおむつかぶれだとしたら、おむつなし育児はその予防に最適な方法です！おむつかぶれを起こしている素肌にオシッコやウンチがつくと、とてつもない痛みを感じます。おむつなしにすれば、濡れて汚れているおむつをつけていることが少なくなり、おむつかぶれも早く治ります。

おむつなし育児のもう一つのよい点は、赤ちゃんがどうして泣いているのかが、とてもよくわかるようになることです。赤ちゃんがずっとおむつをつけていて、いつオシッコ・ウンチをしたか気づかないと、どうして泣いているのかもわからなくなることが多々あります。おむつなし育児を通じて、赤ちゃんの排泄の様子や、排泄の回数、あるいは排泄物の状態を見て、赤ちゃんが何かの食べものに反応しているのかどうかを見ることもできます。このように、**健康という視点から見ても、おむつなし育児は親に多くの重要な情報を提供してくれる**ものなのです。

《親が語る！　赤ちゃんがハッピーに》

私が初めておむつなし育児を知った時、赤ちゃんは生後11週で、生まれてからずっと、ひどいおむつかぶれの痛みに苦しんでいました。周囲の人々は、「おむつをはずして新鮮な空気にさらしてあげるといい」と助言してくれました。やがておむつなし育児のことを知り、さっそく始めてみたところ、おむつかぶれもすっかりよくなったのです。今思っても、おむつかぶれで苦しんだ生後数週間は、彼にとって本当にかわいそうな時期だったと思います。

―ジーナ、10カ月児デビッドの母

私の赤ちゃんは生まれて以来、排便がうまくできず、日に2〜3回泣いていました。便秘なのかと思いましたが、そうではなくて、単にうまく排便できずにいただけなのです。ありとあらゆる方法（お腹をさするとか、両足をお腹の上にあげて押すとか）を試しましたが、結局、おむつなし育児を始めて、下から抱きかかえるポーズで排泄させてあげたら、この排便トラブルは簡単に解決してしまいました！

―エミーリン、4カ月児メレディスの母

私の2人の子どもは、授乳中に、おっぱいをくわえたり離したりすることがよくありました。最初の子の時は、母乳が十分じゃないのかも……と思い、人工乳を足したりしていました。でも、2番目の子が全く同じことをした時には、トイレへ連れて行ったのです。そうすると、すっきり出して満足してくれました！　この月齢の赤ちゃんは、おっぱいをくわえたり離したりする行為をよくしますが、多くの母親はこの行為について「おっぱいが足りていないサインかもしれない」と教えられてきました。でも私の経験では、これは、オシッコ・ウンチのサインだったのです。

—ケイラ、2歳4カ月児ジェーン、8カ月児ヘレンの母

私の赤ちゃんは、尿路感染症になりました。お医者さんには、「多分、おむつの中のウンチの菌が感染したのでしょう」と言われました。でもどんなに赤ちゃんの体をきれいに洗っておむつをすぐに交換してあげても、ずっとこの感染症に悩まされ続けたのです。それに加え、感染症治療のために処方された抗生物質の副作用で、赤ちゃんの排泄リズムが狂ってしまいました。しょっちゅうウンチをするようになり、ウンチとウエットティッシュとおむつのせいで、赤ちゃんはひどいおむつかぶれまで起こすようになりました……。最終的におむつなし育児を始めた時、赤ちゃんは「な

んでもっと早くにおむつの外でウンチさせてくれなかったのよ」とでも言いたげな表情で私たちの顔をじっと見つめて、すぐにトイレでウンチをしてくれたのです！　おかげで、おむつの中でウンチをするたびに、赤ちゃんの体についたウンチを大騒ぎして洗い流す必要もなくなり、おむつかぶれのお尻ともさよならできて、「トイレでウンチをさせて、トイレットペーパーで拭いて、あとは流すだけ」という快適生活に変わりました！

―テンビ、10カ月児ニーナの母

お尻拭き

市販の赤ちゃん用ウエットティッシュは便利ですが、赤ちゃんの敏感な肌にはあまり必要のないものです。特におむつなし育児をしている場合には、お尻が汚れることがほとんどないので、なおさらです。多くの家庭では、洗面所やバスタブなどで、赤ちゃんのお尻をさっと洗い流してあげています。知り合いの家庭では、水の入った小さな缶をトイレの近くに置いておいて、部屋と同じ温度の水を赤ちゃんのお尻にさっとかけて流してあげています。ネル生地かフェイスタオルを何枚か集めておいて、赤ちゃんの濡れたお尻を拭くのに使っているケースもあります。

《始める時のおさらい》

★1日のうちで何時間か、あるいは何分間でもいいから、赤ちゃんのおむつをゆるくつけるか、あるいはおむつをはずしてみると、排泄のサインがわかりやすくなります。

★赤ちゃんがオシッコ・ウンチをしているのに気づいたら、排泄の合図を出してあげましょう。赤ちゃんを抱っこして、「シーシー」など、あなたの口から自然に出てくる合図を出してあげて、赤ちゃんがそれを「合図」だと理解するまで、気長に繰り返してあげましょう。この時、最初は必ずしも赤ちゃんが「おむつなし」状態でいる必要はありません。

★小さいボウルか、おむつか、あなたのひざにはさんで使うポティ・ボウル（Potty Bowl＝小さいおまる）やホーロー製おまるか、またはトイレや洗面所の上で、赤ちゃんを抱っこしてささげてみましょう。あなたの赤ちゃんが最も好むポーズを探して、色々試してみましょう（ただし、赤ちゃんが好むポーズは、時間がたつにつれて変化していくということをお忘れなく）。

★もしも赤ちゃんがおむつの中にオシッコ・ウンチをしていたら、できるだけ早く替えてあげましょう。そうすることで、「濡れて汚いおむつをつけているのは当たり前」という状態に慣れてしまうことを防げます。

排泄パターンとサインに気づく

新生児は一日中、不規則にオシッコ・ウンチをしているものだと私たちは思いがちです（確かに生後間もなくは、排泄パターンは不規則なことが多いです）。しかし新生児でも、生まれて少したつと排泄パターンはだいたい定まってくるものです。繰り返しますが、一般的に赤ちゃんは午前中の排泄回数が午後よりも多いです。朝起きた直後とか、授乳中とか授乳数分後とか。あなたがおむつをはずしたとたんにオシッコをするのも、よくあることです。また、赤ちゃんは大人の腕の中で抱っこされて眠っている間や、直立に近い姿勢で抱っこやおんぶされて眠っている間、車のチャイルド・シートで眠っている間などは、排泄しにくい姿勢になるので、比較的オシッコ・ウンチをしません。でもそれは「絶対しない」という意味ではなく、そういう状態にある時は、したくなると明らかにモゾモゾして「したいからこの状態から解放して！」と知らせてくれます。

とにかく、赤ちゃんにおまるなどでさせたい場合、「やりやすいタイミング」を知っておくと、オシッコ・ウンチをキャッチできる可能性が高くなります（ただし、全ての赤ちゃんには個性があるので、あなたの赤ちゃんには「一般的なパターン」は当てはまらない可能性もあります）。合図を出してオシッコ・ウンチをキャッチする経験を重ねていくと、赤ちゃんの排泄パターンがなんとなくつかめてきます。そして赤ちゃんの方も、あなたが何を手助けしてくれようとしているかが、少しずつわかってきます。こうして2人の間のコミュニケーションはだんだんスムーズになっていきます。

あなたがおむつなし育児をちょうど始めたばかりなら、このような「やりやすいタイミング」を利用して、赤ちゃんに「おむつなし時間、またはおむつをつけないでお尻に敷いておくだけの時間」を作ってあげてみてはいかがでしょうか？　そうすれば、あなたは赤ちゃんの排泄のサインを観察することに集中できて、オシッコ・ウンチをする直前に「シーシー／ウーン」の合図を出してあげることができます。もしも赤ちゃんが機嫌よく目覚めていたら、おむつをはずしてあげてお尻の下に敷くか、おまるの上で抱っこしてあげて、赤ちゃんがどんな行動をとるか観察するのもよいアイデアです。赤ちゃんはブルブルと震えるか、ツバをプープー出すか、真剣な表情をするか、あるいはモゾモゾして騒いだりするかもしれません。赤ちゃんはみんな独自の方法で、差し迫ったオシッコ・ウンチの排泄欲求を表現してくれます。いったんあなたがそのサインを理解してあげれば、他の時でもこのサインでオシッコ・ウンチに気づくことができるのです。

おむつなし育児を始めるにあたっては、**まずはただ、赤ちゃんの様子を観察することに集中する**のがよいでしょう。赤ちゃんが生まれたばかりで、ドタバタと落ち着かない生活をちょっとスローダウンさせて、あえてそういう静かな時間を設けてみることは案外よいものです。以前、生後3カ月のおむつなし赤ちゃんと過ごしたことがありました。赤ちゃんの父親は赤ちゃんを抱っこしてトイレへささげて、抱っこされている赤ちゃんはただ静かにそこにいて、周りを見回したり、私たち周囲の大人を楽しそうに見ていたりしました。すると突然、私たちを見るのをやめて、モゾモゾし始めると、腕をちょっと動かして、ちょっと騒いで、そしてオシッコしたのです！

「どんなに赤ちゃんを観察していても、『明らかな排泄のサイン』がわからない」と訴える親もいます。あるいは「サインがわかる時もあるけど、いつもとは限らないから、それに頼れない」と訴える親もいます。そういう場合は、サインよりもタイミングに頼るという方法があります。赤ちゃんが「どういう時にオシッコ・ウンチをすることが多いか」を見極めて、その時にささげてみたりするのです。赤ちゃんがもう少し大きくなったら、赤ちゃんが出すサインがわかりやすくなることもよくあります。

とにかくあなたの「直感」のアンテナをいつも張りめぐらせて下さい。多くの親は「赤ちゃんからの明らかなサインがなくても、タイミングと直感（サインも何もないけど、なんとなく「あ、オシッコ・ウンチしそう……」と感じること）」で結構うまくいくと言っています。

新生児はあっという間に成長します！　赤ちゃんが腹ばい状態や床のおもちゃで遊び始めるようになったら、オシッコ・ウンチを知らせてくれるサインが変化したりもします。赤ちゃんがいつもあなたの腕に抱っこされている状態から、おもちゃなどで気が散る状態になってくると、赤ちゃんとあなたとの間で新しいコミュニケーションのリズムができるまでの間は、オシッコ・ウンチを「見逃す」回数がぐんと増えるかもしれません。でも、「見逃し」は、おむつなし育児をやっていればよくあることだということを覚えておいて下さい。そして、いつもリラックスした態度で、排泄ケアをしてあげて下さい。それが何より大切です。

生まれた時からおむつなし育児をしていて、とてもスムーズにいっています。ほとんどの時間眠っているから、目覚めた時におまるでさせてます。ポティ・ボウル（小さなおまる）を近くに置いているので、わざわざトイレに行かなくてもできて便利です。だから、おむつもほとんど濡れません。赤ちゃんのおばあちゃんもやってくれます。おばあちゃんも私も、赤ちゃんがオシッコをする前になるとすごく騒いで知らせる様子に、ただ驚いています。オシッコをし終わると、とてもリラック

スした表情になります。それが、とってもかわいいの！

—ケイリーン、5歳児キャメロン、2歳児エディ、生後4日目のマーガレットの母

ジェイソンが生まれた日に、最初のオシッコをおまるでキャッチできたのには感激しました！その後、胎便もキャッチできたので、タールのような便がジェイソンの敏感な肌にくっついてしまわなくてよかったです。普通のトイレ・トレーニングをした最初の子と比べると、なんだか、2番目のこの赤ちゃんとは、とても深くつながっているような気がしています。

—キャサリン、4歳児ジェファーソン、1歳2カ月児ジェイソンの母

《新生児が好きな排泄ポーズ》

★赤ちゃんを下から抱きかかえるようにして、大人がトイレと対面する形で座ってさせる。

★ポティ・ボウル（小さなおまる）やホーロー製おまるの上にささげる（抱っこしてさせる）。

★赤ちゃんを腕に抱っこしてお尻の下におむつを敷いてその上にさせる。

★洗面所やシャワールーム、バスタブの上で赤ちゃんを抱きかかえてさせる（多くの赤ちゃんは、鏡のある

洗面所が大好きです)。

★戸外でしゃがむ体勢で抱きかかえてさせる(この姿勢だと赤ちゃんがあなたの体に隠れる形になるので、おむつなし育児を人目につかず、こっそりやれます)。

★おまるに座らせてさせる(首や腰がしっかりして1人でお座りできるようになってから。必ず支えてあげて下さい)。

《トラブル・シューティング Q&A》

Q 生後間もない赤ちゃんを抱きかかえてオシッコ・ウンチをさせるのに、とても苦労しています。まだすごく小さくて、ぎこちない感じです。

A よくわかります。生まれて間もない赤ちゃんにおむつなし育児(そして他のことも!)をするのは、なんだかぎこちないものです。赤ちゃんを抱っこするポーズ、ウンチの後の拭き方、赤ちゃんを抱っこしながら汚れたおむつやおまるをきれいにするやり方など、どうされていますか？　赤ちゃんを排泄ポーズで抱っこするのが難しければ、布おむつや紙おむつを開いてその上でおむつなしで寝かせて、赤ちゃんがオシッコ・ウンチをする時に「シーシー／ウーン」という合図をしてあげることから始めてみませんか？　赤ちゃんの体が成長するにつれて、あなたも赤ちゃんをトイレやおまるにささげる姿勢に慣れてきて、自信がついてきます。もしも赤ちゃんを抱っこしていることが多いのなら、抱っこしている赤ちゃんの股の部分に何枚か布おむつをかけておいて、汚れたら替えるという方法もあります。赤ちゃんを完全に「おむつなし」にしたくない場合は、おむつを敷いた上に寝かせて毛布でくるんであげるという方法もあります。あるいは足が冷えないようにベビーレッグス（ベビー用レッグウォーマー）をはかせてあげてもいいです。こうすれば、いちいち赤ちゃんを裸にしてオシッコ・ウンチをしたかどうかを確かめる必要がなくなります。パートナーが近くにいて手伝ってくれたら（赤ちゃんに排泄ポーズをさせたり、オシッコ・ウンチをしたおまるを洗ってくれるサポートなど）、あなたはより効率的に「おむつなし育児」を習得することができます。練習や経験を重ねるうちに、慣れて楽にできるようになっていきます。

Q

生まれたばかりの男の子なんですけど、おまるなどでさせようとすると、オシッコをあちこちに飛び散ら

します。彼にオシッコさせながら、飛び散らないように彼のおチンチンをコントロールするのですが、うまくいきません。よいヒントはありますか？

A

男の赤ちゃんを持つ全ての親がこういう経験をするわけではないのですが（個人の体のつくりの違いによるところが大きいようです）、同じようなご経験をされる方は少なくありません。赤ちゃんを抱っこしてオシッコさせながら、赤ちゃんのおチンチンの方向を人差し指でコントロールするのは、ややコツがいります。赤ちゃんの太ももを持って抱き上げる「排泄ポーズ」をしているのなら、あなたの人差し指は、赤ちゃんの太ももの下をくぐって赤ちゃんのおチンチンに届くはずなので、コントロールすることは可能になります。赤ちゃんがもう少し大きくなっておまるやトイレに座れるようになっても、あなたは赤ちゃんのおチンチンに手を添えて、コントロールしてあげる必要があるかもしれません。一般的にはこの「おチンチン・コントロール」の問題は、お子さんが成長するに従って、自然に解消していきます。

Q

私の子どもはいつも授乳中にウンチをします。こういう場合、どうしたらいいのでしょうか？

A

それは、おむつなし育児をしていてもしていなくても、新生児にはよくあることです。赤ちゃんによっては、差し迫った排泄の欲求を、乳首をくわえたり離したりしながら知らせてくれたり、騒いだり不快そうにして教えてくれることもあります。多くの赤ちゃんは、いったんウンチをして、それからまたおっぱいに戻ることを望みます。時々、ウンチタイムには結構長い時間がかかるということを、覚えておくとよいでしょう！　よく観察していると、赤ちゃんがウンチをちゃんと終えたかどうか、わかってくるようになります。抱っこしてウンチをさせてもらいながら、おっぱいを飲むのが好きな赤ちゃんもいます。赤ちゃんをあなたの腕の中で抱っこして授乳しながら、お尻にポティ・ボウルのような小さいおまるをあてがって、オシッコ・ウンチをキャッチすることは、難しいことではありません。少し練習して工夫すれば、できるようになります。でも、授乳中に必ずウンチをするというわけではないことも覚えておいて下さいね。

《赤ちゃんの主な排泄サイン》

★ツバをプープー出す
★おならをする
★モゾモゾする
★体を緊張させる
★様子が変わる（突然騒ぎ出す、何かしゃべっていて突然黙る、落ち着かない）
★タイミング（寝起き、外出前後）
★体を震わせる
★足で蹴る
★あなたをじっと見る
★授乳中に乳首をくわえたり離したりする

《よくある排泄タイミング》

★寝起き

★おんぶひも／抱っこひもや、車のチャイルド・シートから降ろされた時

★授乳直前、直後、あるいは授乳中

★おむつ交換でおむつを開けた時

《親が語る！　生後すぐのスタート》

息子が３カ月になる前から始めました。最初は「パートタイム」で、１日のうち数時間を「おむつなしタイム」にしました。少しずつ始めたので、全然大変ではありませんでした。おむつなしタイムには赤ちゃんをよく観察して、オシッコした時の様子やサインをメモにとりました。

―ステーシー、２歳６カ月児オルランドの母

生後の最初の数週間、おむつなしで過ごさせることはとても簡単でした。だって、どっちにしろ、新生児には市販のおむつは大きすぎてうまくフィットしないし、しょっちゅうオシッコ・ウンチをしておむつ交換しないといけないからです。ジャスミンを、布おむつを広げた上に寝かせて、その下にウールの防水パッドを敷きました。オシッコ・ウンチが出たら、汚れたおむつだけをジャスミンの体の下から抜き取って替えるだけです。こうすることで、ジャスミンの排泄パターンやサインがとてもよくわかり、何度もオシッコ・ウンチをキャッチすることができました。赤ちゃんをおまるでさせてあげることにエネルギーと時間を使う方が、汚れたおむつや汚れた赤ちゃんのお尻をきれいにしてあげるよりも、簡単で効率的だと思いました。

――ブリジット、5歳児カーリー、3歳児ジャスミンの母

おむつなし育児を通じて、たくさんのことを学びました。最初の数カ月はまるで「想像ゲーム」みたいなものです。赤ちゃんが疲れてないかしら？　お腹すいてないかしら？　寒くないかしら？暑くないかしら？……そんなふうにあれこれ想像して色々やってあげても、まだなお、これでいいのかしら？　という不安な気持ちが残りました。でも、オシッコ・ウンチについては、おむつなし育児のおかげでイエス／ノーがはっきりしていて、楽でした。

――サラベス、8カ月児ベンの母

おむつなしタイムを増やしていきましょう

初めてトライする人の場合、多分「パートタイム」か「時々やる」の形で、トライし始めていると思います。でも、おむつなし育児であなたと赤ちゃんとのコミュニケーションがスムーズになってくると、「おむつなし」の時間をもっと増やしたくなって、「フルタイムでも大丈夫かも……」という気持ちになってくるかもしれません。最初は「ウンチだけ」キャッチしていた家庭でも、「オシッコもキャッチしてみようかな？」という気持ちになってくるかもしれません。あるいは、日中、家の中だけでやっていた家庭では、「外出する時や夜間もやってみようかな？」という気持ちになってくるかもしれません。もしも紙おむつを使っていて、かなりの高い確率でオシッコ・ウンチをキャッチできているのなら、紙おむつから布製トレーニング・パンツに変えてみる、あるいは、1日のうちのちょっとの時間だけでもそうしてみる、というのもよいアイデアかもしれません。

私が上の娘に始めた時は、紙おむつを使っていました。でも、だんだん、「私って、全然汚れてない紙おむつを捨てているんじゃないかしら……」と思うようになってきたのです。結局、布おむつを買って使うことにしました。

——ケイラ、2歳3カ月児ジェーン、8カ月児ヘレンの母

新生児の夜間&外出時

【夜間】

生まれたばかりの赤ちゃんを持つ親にとって、夜中に何度も起こされることは、だんだん「普通」のことになってきます。夜中におむつを交換したり授乳したりして、どうせ起こされるのであれば、夜もおむつなし育児をしてみてはいかがでしょうか？　もちろん、無理にする必要はありません。とりあえず夜間はやらないことにして、赤ちゃんがもう少し成長して、排尿間隔が開くようになってから夜もおむつをはずしてみる家庭もあります。赤ちゃんをおまるでさせてあげ

る方が、またすぐ眠ってくれるので、夜間1〜3回くらいはそうしてあげるという家庭もあります。赤ちゃんのおむつ交換時に、「シーシー」と合図して、おまるにしっかりさせてあげると、赤ちゃんが再び快適な眠りへと戻るのだそうです。夜間おむつなし育児をする時は、部屋の薄暗い明かりをつけっぱなしにしておくと、いちいち明るい電気をつけなくて済むので、赤ちゃんやあなたに対する刺激も最小限で済むでしょう。また赤ちゃんには夜間最低限のおむつだけつけておいて、フリースなどの吸水性の高いパッドの上に寝かせて夜間のオシッコを吸い取ってもらうという家庭もあります。

【外出】

おむつなし育児をしていると、新生児を連れての外出は面倒くさく感じるかもしれません。でも、大丈夫。だんだん慣れてきます。この月齢のおむつなし赤ちゃんを連れての外出は確かに大変ですけれど、でも、一方でワクワクすることでもあります。赤ちゃんが好む排泄ポーズをよく把握して、おむつバッグの中に、おまる代わりになる小さめの容器とおむつを持って出かけましょう！　あなたが慣れてくればくるほど、持ち歩くおむつの数もどんどん減っていきます。赤ちゃんは、環境の変化に敏感で、その影響は食欲や睡眠、そして排泄行動にも影響します。特に一泊以上するような旅行ではなおさらです。赤ちゃんが新しい環境の変化にどのように反応しているか、気をつけてあげて下さい。おむつなし育児をしている人によっては、逆に、旅行はよい機会だととらえる人もいます。忙しい日常生活から離れて、赤ちゃんの排泄に集中してあげられるからだそうです。実際、旅行をきっかけとして、「時々やる」から「フルタイム」おむつなし育児へとジャンプする人もいます。また人によっては、旅行などの後はリズムが狂ってしまい、元のリズムに戻るまでに時間がかかる……と訴える人もいます。これもよくあることですから、とにかく日常生活がスムーズに流れることを第一に生活して下さい。赤ちゃんとあなた自身に、「今はちょっと大変だからおむつをつけるけど、落ち着いたらすぐにまた、おまるやトイレでさせてあげられるからね」と言い聞かせてあげれば大丈夫です。

始めて最初の1~2日は、オシッコを1回か2回キャッチできましたが、このままで本当にうまくいくのかどうか不安でした。その後、1週間の旅行に出かけました。滞在先にはオスカーが座れる程度の小さなおまるがあったので、これを利用しました。最初はタイミングを見ておまるに座らせ、その後は排泄のサインをよく見ていて、したそうな様子になるとおむつをはずして、おまるに座らせました。そのうち何度かオシッコをキャッチすることに成功して、とてもスムーズにいきま

した。

―エミリー、6カ月児オスカーの母

この章で、生まれたばかりの赤ちゃんとおむつなし育児について、色々な基礎知識を得られたのではないかと思います。あなたの直感を信じること、赤ちゃんの排泄サインを読み取ること、排泄タイミングを知ることなどを学べたでしょうか？　赤ちゃんの方も、あなたがそばにいて、排泄ニーズに応えてくれるのだということを学んでいきます。そうして赤ちゃんは、排泄コントロールに関する生まれ持った身体感覚を失うことなく、あなたの合図と排泄を関係づけて理解できるようになっていくのです。次の章では、赤ちゃんとの楽しいおむつなし育児の旅を、より深めていきましょう。

5 おむつなし育児の旅を穏やかに進めるために

……生後3～8カ月期……

赤ちゃんはもう、新生児ではありません。愛らしく、楽しそうで、呼びかけにもよく反応して、好奇心一杯に成長して、あなたの愛情もより深くなっていることでしょう。赤ちゃんという新しいメンバーとの生活にようやく慣れた頃かもしれませんし、あるいは、まだおむつなし育児は始めていなくて……という家庭もあると思います。いずれにせよ、この生後3～8カ月期は、赤ちゃんの首もすわって、おむつなし育児を始めるにはとてもよい時期だと言えます。

この時期に始める方にとっても、すでに始めている方にとっても、この時期には共通したやりやすさがあります。赤ちゃんは周りの世界に対して、より興味を持つようになり、あなたの呼びかけにもよく反応するので、お互いにコミュニケーションしやすいのです。赤ちゃんの体もしっかりしてきて、お座りもできるようになって、排泄ポーズもとりやすくなりますが、まだ自分で動けるわけではないので、たいていは赤ちゃんをあなたのそばにおくことができます。周囲に気

が散ることもまだ比較的少ないと思います（もう少し後になると、そういうわけにはいかなくなります……）。この時期には赤ちゃんの1日の排泄パターンもできてきて、排泄のサインもわかりやすくなります。

1章でご説明した **「フルタイム」「パートタイム」「時々やる」** おむつなし育児を覚えているでしょうか？　この3つの方法は、その時のあなたにより合ったおむつなし育児をするための、あくまで一般的なガイドラインであって、「あなたはこのタイプ」と決めつけるためのカテゴリー分けではありません。現実的にはおむつなし育児を実践する家庭では、この3つの方法をその時の状況で使い分けるのが普通です。1週間、あるいは1日のうちでも、この3つのカテゴリーの間を行き来することがあります。どのカテゴリーにいたとしても、一番重要なゴールは、赤ちゃんの自然な欲求にあなたの意識の周波数を合わせ、赤ちゃんが何を伝えようとしているのか敏感に感じ取ってあげることです。**1日に何回おまるでできたとか、今日は全てのオシッコ・ウンチをキャッチできたとか、他の赤ちゃんよりもおむつが早くはずれるとかいうのは、ゴールではありません。** おむつなし育児で何をおいても重要なことは、「コミュニケーション」なのです。

さて、新生児期からおむつなし育児を始めたご家庭のみなさん、おめでとうございます！　次のステップへ進む時がきました！　まだきっと、オシッコ・ウンチを「見逃す」ことは多々あるかと思いますが、赤ちゃんの排泄タイミングやサインがだんだんわかってきて、直感で「赤ちゃんがなんとなくしそう」と感じることが、わりと普通になってきている頃かと思います。この章は、そんなあなたが、この時期の赤ちゃんの特徴的な行動を理解して、おむつなし育児をより深めていくお役に立てると思います。

この時期から始める方へ

【排泄の合図】

もしもあなたが、この時期からおむつなし育児を開始するなら、最も効果的な方法がいくつかあります。一番手っ取り早くて確実な方法は、**毎日1～2時間、赤ちゃんのおむつをはずして様子を見る**ことです。赤ちゃんが排泄のサインを出しているかなどの様子を観察することに、少し時間を使ってみて下さい。そして赤ちゃんがもしもオシッコ・ウンチをし始めたら、**「シーシー／ウーン」などという合図**を出してあげて、あなたの合図と、オシッコ・ウンチが関係しているのだということを理解させてあげて下さい。４章で合図のやり方を説明しましたが、覚えていますか？　赤ちゃんがオシッコ・ウンチをし始めたら、あなたが選んだ音を出してあげるのです（「シーシー」というのは世界共通の一般的な音ですが、「ピーピー」でも何でも、あなたの口から自然に出てくる音が一番いいです。もしも赤ちゃんがウンチをしている場合は、「ウーン」という感じのうなっている音が一般的です）。こうして、赤ちゃんがオシッコ・ウンチをするたびに合図を繰り返し出してあげて下さい。

多くの親はおむつなし育児の知識や経験がなくても、赤ちゃんの排泄のパターンに気がついてくるものです。例えば、「うちの赤ちゃんは、午前中に何回か続けてウンチを出す」といったことです。こういう知識を使って、１日のうちどの時間帯を「おむつなしタイム」にしてあげるのが最もよいか、ちょっと考えてみて下さい。

「おむつなしタイム」をより快適にするためには、部屋の１カ所に小さなコーナーを設けて防水加工したパッドなどを敷き、赤ちゃんの好きなおもちゃを散らかしておくといいかもしれません。または、あなたに抱っこされているのが大好きなタイプの赤ちゃんであれば、抱っこしてあげて、赤ちゃんの股におむつを（しっかりつけないで）はさんでおきます。紙おむつを使用していて、オシッコが出たかどうかがわかりにくい場合は、布製のライナーか、フェイスタオルか、あるいは何でもいいから布切れを、おむつの代わりに股の間にはさんでおいて観察するとよいでしょう。そして、オシッコ・ウンチが出るたびに、「シーシー／ウーン」という合図を必ず出して、話しかけてあげて下さい。そうすることで、赤ちゃんが本来持っている排泄コントロールの身体機能を維持することができて、後々、あなたに大きな恩恵をもたらしてくれます。

それにしても、赤ちゃんは本当にすごいのです！　あなたがしていることを、すぐ理解してくれます。赤ちゃんがオシッコしたいと感じる時に、あなたの「シーシー」という合図を聞く体験を繰り返すと、やがて、その**合図で、オシッコを出せるようになる**のです。あなたの方も、赤ちゃんがオシッコ・ウンチをする前や、している最中にはどのような行動をとるのか、観察することができます。しかめっ面をするとか、騒ぎ出すとか、モゾモゾするとか、逆にほとんど動かなくなるとか。あるいはおしゃべりになるとか、うんうんうなるとか、緊張するとか。今度、そんなサインを見かけたら、ぜひ赤ちゃんにトイレやおまるでさせてみて下さい。しばらくの間オシッコ・ウンチをしていなかった時などは特にです。そして、「シーシー／ウーン」という合図を出してあげて、何が起こるか見てみて下さい。多分、オシッコかウンチをするでしょう！　そしてこういうことを繰り返すうち、赤ちゃんは、あなたがそばにいて、排泄の欲求を満たす手助けをしてくれていることを理解していくのです。

【おまるやトイレを使う】

この時期にスタートする場合のもう1つの方法は、**赤ちゃんが飲んだり食べたりした直後、あるいは寝起き後に、おまるに座らせて様子を見る**ことです。そしてこの時も、もしも赤ちゃんがオシッコ・ウンチをし始めたら、「シーシー／ウーン」という合図を出してあげましょう。この時期におまるを使い始めるのは大変楽です。赤ちゃんはだいたいお座りができるようになっているので、おまるにも快適に座れます。ただ最初は、体のバランスがうまくとれないので、必ずそばで体を支えてあげて下さい。この月齢の頃はまだ、1歳以上用の一般的なサイズのおまるだと、ちょっと大きくてうまく座れないかもしれません。また、大きくなった赤ちゃんが少しでも協力的にトイレ・トレーニングをしてくれるようにメーカーが作ったおまるの様々な仕掛け（オシッコが出ると音が出る仕掛けなど）や飾りも、この時期の赤ちゃんには不要です。色々な種類のおまるが出回っていますが、3章で紹介したベビービョルンのリトル・ポティや日本のホーロー製おまるは、まだ歩けない赤ちゃん向けです。赤ちゃんがしゃがんで座って床に足が着くので、安定して使えます。ところで、このしゃがむ姿勢は、おむつをつけている赤ちゃんでも、ウンチをする時にはこの姿勢をとることが多く、興味深いです。透明のベビーワンダー・デラックス・クリア・ポティは、いちいち赤ちゃんを抱き上げておまるの中を確かめなくても、オシッコ・ウンチが出たことがわかるので便利です。もしも可能なら、おまるを複数用意して、家のあちこちの、いつでも手が届く場所に置いておくと便利です。よく家のあちこちに、ちょっとした「授乳スペース」を作るといいと言われますが、同じように、あなたが普段よく使う部屋（寝室、子ども部屋、風呂場など）に、「おまるスペース」もあると、あなたも「おむつの外で排泄させてみよう」というモチベーションが高まって、いいと思います。

この時期からトイレを使っても、決して早すぎることはありません。4章で紹介した、新生児を下から抱きかかえてトイレなどでささげるポーズは、この月齢になってもまだ使えます。実際私は、今でも3歳の息子にこのポーズで排泄させることがあります。特に外にいる時、公衆トイレの便座が汚れていて直接座らせられない場合には、抱きかかえてこのポーズで「シーシー」させると、息子も快適そうにしています。このポーズは応用可能で、人によっては、赤ちゃんを前に抱きかかえながら親が便座に股を開いて腰掛けてさせることもできます。十分体の大きい赤ちゃんなら、幼児用補助便座を置いて直接座らせることができます。ただその場合も、あなたがそばにいて、赤ちゃんの体を支えてあげる必要があります。

《赤ちゃんの排泄のサイン》

★突然騒ぎ出すかモゾモゾし始める

★興奮する、蹴る

★抱っこされているとのけぞる

★うつろな表情やしかめ面をする

★ある決まった音を出す（多分赤ちゃんはあなたの合図を真似しようとしているのかもしれません）。この音は、赤ちゃんによって異なります

★おまるの方へ向かっていく、きれいなおまるで遊ぶ、おまるやトイレのドアを見つめる

★手話のような身ぶりで「おまる」を表現しようとする

★タイミング（食事直後、外出前後、寝起き）

★直感（あなたの中で、突然「あ、赤ちゃん、そろそろ出そう！」と感じること。赤ちゃんの排泄のタイミングと、最後にいつ排泄したかということをなんとなく意識していると、直感がひらめきやすいです）

★体を震わせる

★おならを出す

★男の子の場合、おチンチンが少し膨らむ
★「お知らせオシッコ」を少し出す（本格的にオシッコする前に、ちょっとだけ出すこと）
★幻のオシッコ（赤ちゃんの体をあなたの体にぴったりくっつけて抱っこしていると――特に赤ちゃんがおむつをしていない場合――赤ちゃんのお尻あたりに急に生温かいものを感じて「あれ、オシッコ出ちゃった？」と思って確認しても何も出ていなくて、その直後に実際のオシッコが出る、という不思議な現象）

《排泄ポーズのまとめ》
★トイレや、洗面所やおまるなどの上でささげる（抱きかかえてさせる）方法
★赤ちゃんをおまるに座らせる方法（首や腰がしっかりして、一人座りできるようになってから。必ず親がそばについて体を支えてあげる）
★赤ちゃんを前に抱きかかえながら親が便座に股を開いて腰掛けてさせる方法
★幼児用補助便座に座らせる方法（必ず親がそばについて赤ちゃんの手を取るなどして支えてあげる）

ゆっくり始めて下さい

もしもあなたが、「これだ！」と思うものに飛び込んでいくタイプなら、それはそれでステキです！　ただ、あなたにとっておむつなし育児が初めての経験なら、私はできれば、最初からあまり大きな期待を抱かずに、ゆっくりとスタートすることをお勧めします。たとえ小さい成功でも、地道に積み重ねていくことでやる気が出てきます。「ゆっくり始める」ということは、具体的に言うと、1日1回だけトライしてみるレベルのものです。「トライしてみる」とは、必ずしも「キャッチする」という意味ではありません。例えば**お風呂に入れる前とか、お昼寝の後とかに赤ちゃんをおまるに座らせて、おもちゃであなたと楽しく遊ぶ時間を作る感じで、始めてみて下さい。**あるいは、赤ちゃんのおむつを少しの間はずしてみて、ちょっと様子を見るのもいいですね。多くのおむつなし育児実践者は、おむつ交換のたびに赤ちゃんをおまるに座らせてみる、と言います。この方法ですと、どうせおむつをはずすわけですし、おまるをその近くに置いておけば、特別な努力もなくできますよね。その時、もしも赤ちゃんがオシッコをしたら、たとえおまるの中でキャッチできなくても、「シーシー」と合図を出してあげることを忘れないで下さい。そして、叱ったりしないで、優しい言葉で導いてあげて下さい。オシッコが出てしまうのは、体の自然な機能で仕方のないことです。とにかく排泄タイムが、あなたとの楽しい触れ合いの時間だということを、赤ちゃんが理解できるように工夫して下さい。

では、赤ちゃんを、どのくらいの時間おまるに座らせておくのがよいのでしょう？　適切な時間の長さは、少し慣れてくると、あなたにもだんだんわかってきます。おむつなし育児の経験が豊富な人は、数秒座らせておくだけで、出そうか出そうじゃないかわかるそうです。もしも赤ちゃんが快適そうに座っているけれどなかなか出そうにない場合は、オシッコが出るように筋肉をゆるませるための時間が少し長くかかっているという可能性もあります。赤ちゃんの中で「合図と排泄」の関係ができあがっていると、あなたが「シーシー」と合図をしてあげることで、赤ちゃんのオシッコも出やすくなります。おまるに座らせた赤ちゃんが、遠くを見ているような、どこか上の空のような感じだったら、それは多分「オシッコはその時出ない」という意味です。しかし、赤ちゃんの月齢がある程度進んでいる場合は、初めて使うおまるや、抱きかかえられて「シーシー」するポーズに慣れるまでの間は、たとえオシッコを出したくても、体を動かして抵抗したりすることもあります。ですから、とにかく最初はゆっくり、優しく始めてあげて、もしも赤ちゃんがイヤがったら、無理に進まないで様子を見てあげましょう。

赤ちゃんがおまるに座ることや、抱きかかえられてトイレでするポーズにものすごく抵抗する場合は、床に防水加工したパッドなどを敷いてその上でおむつをはずして、オシッコが出たら「シーシー」という合図を出す、ということをちょっと続けてみてもよいかもしれません。こうすることで、あなたの「シーシー」という合図とオシッコを出すという行為とを、赤ちゃんが関連づけて理解できるようになるでしょう。これが、赤ちゃんが本来持っている排泄コントロールの身体感覚を取り戻していく重要なファースト・ステップになるのです。

おまるタイムを楽しみましょう

赤ちゃんがおまるやトイレに座っている間、あなたは赤ちゃんと一緒に歌ったり、お話ししたりして楽しく過ごすことができます。そうすることで赤ちゃんは、おまるタイムを、あなたと触れ合って遊んでもらえる特別な時間なのだと理解して、楽しみにするようになります。私の友人の1人は、赤ちゃんとの「おまるタイム」にとてもステキな歌を歌います（この友人は、自分が赤ちゃんだった頃、トイレ・トレーニングをしていた時にお母さんが歌を歌ってくれたことを覚えているそうです！）。もしもあなたが他の方法で赤ちゃんとコミュニケートすることに興味をお持ちでしたら、手話にトライしてみるのもいいかもしれません。手話の詳細については、巻末の「おむつなし育児　お役立ち情報」にある関連ウェブサイトなどを参考にして下さい。手話のサインは、後々、とても役立つことがあります。よちよち歩きできるくらいの頃に、言葉が出るより先に、手話で「トイレに行きたい」と教えてくれる赤ちゃんは少なくありません。今でもよく覚えているのですが、私の息子がやっとつたい歩きを始めた頃、部屋の向こうから私に向かって「トイレ」の手話をして見せた時には、本当に驚いたものです！

おまるのお掃除

人によってお掃除のやり方は色々ですが、たいていはおまるの中身をトイレに流して、ウンチをキャッチした時などはトイレットペーパーでおまるをささっと拭いて、除菌スプレーなどをかけて拭き取るパターンが多いようです。私はスプレーする前におまるをお湯で洗って、自然乾燥させます。

《親が語る！　生後3～8カ月期のスタート》

私たち兄弟姉妹はみんな、布おむつで育てられました。毎食後、おむつをはずされていた記憶があります。当時はおばあちゃんが世話をしてくれていて、排泄の合図を出してくれました。無理のないトイレ・トレーニングだったと思います。娘のアンナも、固形食を与えるようになると、定期的にウンチをするようになりました。幼児用食事イスに座ってちょうど食事を終えた後、しゃがんでポーズをとり、したそうな表情をすると、おまるに座らせます。

―アンジェリーナ、10カ月児アンナの母

ベーダのベビーシッターはインド出身の60歳の女性で、赤ちゃんのおむつをはずして、おまるの上で抱きかかえて、オシッコ・ウンチをさせます。私たちも、ベーダの首がすわる頃からおむつなし育児を始めました。最初は1日1回から。夕方4時頃にジュースを飲ませて、おまるの上で抱っこして様子を見ます。この様子を見ている間は結構楽しいです。そして赤ちゃんは、そうするうちに、たいていおまるの中でしてくれます。

―アスミラ、1歳4カ月児ベーダの母

ガブリエラはおむつの中でウンチをするのをイヤがり、私たちをおむつなし育児へと導いてくれました。どういうことかと言うと、8日間、彼女のウンチが出なかったのです。どうしたらいいのかとインターネットで色々調べた結果、私はおむつなし育児に出合ったのです。ガブリエラがおむつの中でなく、おむつの上だとウンチするのを見た時、私は「そっか！」と気がついたのです。おむつの上で抱きかかえてさせるよりも、トイレの上で抱きかかえてさせる方がよっぽど簡単じゃない、ってね！　私が直感的にやっていた抱きかかえポーズは、おむつなし育児で奨励されている抱きかかえ方と同じでした。

—スザンヌ、1歳4カ月児ガブリエラの母

いろんな排泄のサイン

この時期一番エキサイティングなことは、赤ちゃんが実に様々な排泄のサインを出す点です。

娘は生後8カ月の頃、鼻をこすってトイレを知らせてくれました。

――ラメール、1歳児ネシャーマの母

私の赤ちゃんは日中、オシッコ・ウンチがしたい時は、おまるに向かってハイハイして行ったり、トイレに向かってハイハイして行ってそこにあるおまるを持ち上げることで、知らせてくれました。

――ララ、1歳児ルビーの母

赤ちゃんがおまるに座るたび、私は「シーシー」と合図を出してあげました。最近では、赤ちゃんはトイレに行くと、私の合図を真似して声に出しています。いつか、トイレに行く前にその声を出してくれるようになるといいなあ、と思っています。

――サバ、7カ月児キーナンの母

ハコンをひざに抱っこしていた時、突然私の方をまっすぐ見て、自分のおむつのあたりを触り始めたのです。信じられないかもしれないけど、まるで「オシッコ出るよ！」と教えてくれているようでした！　そして、彼をトイレに連れて行ったら、すぐにジャーッと出してくれました。その日は数回、こんなふうにして、トイレを教えてくれました。別の時には、トイレの方をじっと見たり、おまるの方へ寄って行こうとしたりして教えてくれることもあります。

—ダラ、8カ月児ハコンの母

赤ちゃんが発信する全てのサインをキャッチするのは不可能だということは、覚えておいて下さい。だから、もしも赤ちゃんのサインをキャッチできなくても、がっかりしないで下さいね。あなたの赤ちゃんのサインはとても微妙で静かなタイプのもので、ちょっとわかりにくいのかもしれません。もう少し大きくなると、わかるようになるのかもしれません。全ての赤ちゃんは、個性的です。ですから、たとえサインがわかりにくくても、赤ちゃんの排泄パターンに注意を向けていてトイレやおまるでさせてあげていれば、赤ちゃんとのコミュニケーションはちゃんと保たれているのだということを、ぜひ覚えておいて下さいね。

やる気がおきない時は

オシッコをキャッチしようとしてもいつもおむつの中にされてしまった後だったとか、おまるに座らせてもなかなか膀胱をゆるめてくれないとか（すでにおむつの中ですることに慣れてしまっていて）、あるいは赤ちゃんのサインが全然わからない、などということがある場合は、「完全なおむつなしタイム」を設けて赤ちゃんをよく観察してみるといいかもしれません。そのうち、あなたが「シーシー」と合図を出すとオシッコをしてくれるようになる時が来るでしょう。時間がたてば、あなたも赤ちゃんも、だんだんできるようになるものです。

《親が語る！「パートタイム」おむつなし育児》

私は「パートタイム」を実践していて、うまくいっています。ソーレンのウンチはだいたいトイレでさせることができています。おむつにされて後始末するより、とっても簡単です。オシッコも多少はキャッチできています。でも、全てを後回しにしてまでおむつなし育児をやる気はないので、ストレスを感じない程度にやっています。時々、ソーレンのおむつがまだはずれていないことに罪悪感を感じることもありますが、「おむつなし育児の目標は、コミュニケーションなんだ」と考えるようにしています。ウンチのコミュニケーションはうまくとれているので、オシッコのコミュニケーションもそのうちうまくいくようになると思っています。少なくとも、ソーレンと私の間で理解し合える言葉はちゃんと持っていますから。

——バネッサ、２歳児マレット、７カ月児ソーレンの母

「3つの方法」のおさらい

●方法1　フルタイム

おむつなし育児を毎日実践しているあなたは、だんだん赤ちゃんのパターンがわかってきて、赤ちゃんの方も、あなたがおまるやトイレで排泄させてくれることを理解してきます。あなたは日々、多くのオシッコ・ウンチをキャッチして、スムーズに進んでいます。この頃になると、多くの親は布製トレーニング・パンツに変えたり、布製おむつをカバーなしで使い始めます。外出時も、服やトレーニング・パンツや布おむつの替えなどを持って出かけますが、おもらしされることは少なくなってきます。赤ちゃんの成長の過程や、あるいは病気などで「オシッコ・ウンチの見逃し」が増えたりした時は、「見逃し3回ルール」を採用してみましょう。1日のうち3回以上「見逃し」があったら、その日は（あるいは当分の間は）無理して「おむつなし」にしないで、おむつをつけて過ごすのです。

●方法2　パートタイム

この場合あなたは1日数回、「おむつなし」を実践していると思います。赤ちゃんは多分一日中おむつをしていることでしょう。でも、時々おまるやトイレでさせていれば、おむつを汚されることも減って、嬉しいですよね！　1日のうちの一時《いっとき》でいいから家で赤ちゃんと過ごすチャンスがあれば、その間、完全におむつなしにしてみるか、カバーなしの布製トレーニング・パンツか布おむつにしてみませんか？　1日1～2枚の布おむつの洗濯など、たいしたことではないですし、そうすることで、赤ちゃんは自分自身の排泄により注意を向けるようになります。

●方法3　時々やる

たとえ1日1回とか、あるいは週に数回でも、赤ちゃんがおまるやトイレでの排泄に慣れる機会を与えてあげることは、とても意義深いことです。赤ちゃんはウンチをしたい時、よりわかりやすいサインを出します。だから、「時々やる」おむつなし育児をする家族は、ウンチをキャッチすることから始めるケースが多いです。友人のラケルは、おむつなし育児をしていると、ウンチはおまるかトイレに流れていくから、ほとんどさわることがなくて楽、と言います。赤ちゃんの体にウンチがつくこともないから、ウエットティッシュで拭く必要もなくなるのです。

お出かけの時はどうするの？

【外出時】

おむつなし育児がどんなにスムーズにいっていても、外出時にはなんとなく気が重くなるのが普通です。汚い公衆トイレ、おまるのない友人の家、公共の交通機関、交通渋滞……こんな可能性を心配しだすと、「あー、外出なんてやーめた！」とあきらめてしまいたくなります。でも、家にいる時と同じやり方で外出先でも実施することは、不可能ではありません。多くの実践家庭では、これからお話しするようなやり方をしています。もしも外出先でやらなかったとしても、家庭でおむつなし育児をしていれば赤ちゃんが排泄コントロールの身体感覚を失うことはないのですが、外出先でも気にせずにやってみると、思ったよりスムーズにいくものだということを多くの親が証明してくれています。

親によっては外出の際に、トレーニング・パンツと服の着替えを持って行くケースもあります。また、外出前後にはなるべくおまるやトイレで排泄させる家庭も多いです。例えば、友人の家に行く場合、家を出る前におまるでさせて、目的地に着いたらまずはトイレに座らせる、という感じです。やってみると、意外に簡単です。友人のダラは、どこへ出かけても必ず赤ちゃんをおまるに座らせます。長い間やっていると、習慣のようになってきて、今では店でもレストランでも屋外でも友人の家でも、どこでも快適にトイレやおまるでするそうです。

私の子どもたちの場合は、排泄パターンがとても規則正しかったので、やりやすかったです。ダニエルは早朝必ずウンチをして、そうするとその日はもうウンチはしません。オシッコは午前中数回すると、午後までしばらく出ませんでした。多くの赤ちゃんはこんな感じのパターンが多いです。このパターンを頭に入れて、出かける計画もしました。例えば午前中に出かける場合は、万が一のためにおむつをつけさせて、午後に出かける場合は、外出前後にオシッコをさせればあとはしないことがわかっていたので、下着かトレーニング・パンツで出かけても大丈夫という具合です。

もしも、そうするのが面倒だったら、お出かけの時には紙おむつに頼っていいのです。でも、自分でも驚くくらい簡単に、赤ちゃんの排泄パターンはわかるようになってくるものです。出かける際には、赤ちゃんのお腹がすいていないかどうか、眠くないかどうかに気を配りますよね。排泄についても、全く同じなのです。

赤ちゃんの排泄パターンを観察することは、この月齢でも重要です。赤ちゃんがスリングやベビーキャリーの中で抱っこ／おんぶされている時は、オシッコをがまんしようとします。このような姿勢でいる時は、「おむつなし」をやっていない赤ちゃんであっても、体勢的にオシッコを出しにくいのです。

赤ちゃんがオシッコをしないでいる時間に気を配ることも、オシッコをした時間に気を配ることと同様に大切です。例えばスリングに抱っこしてしばらく散歩した後などは、スリングから降ろすとすぐにオシッコをする確率が高い、というようなことです。赤ちゃんは多分、あなたの体に気持ちよくくっついている時にはしたくないのでしょう（特に、抱っこされる前にオシッコを済ませていればなおのこと）。車のチャイルド・シートやベビーカーにいる時にも、同じようなことが起こるかもしれません。一般的には、赤ちゃんがおむつの外で排泄することに慣れれば慣れるほど、おむつの外で排泄したいというサインを出すようになるようです。

しかし、例外は常にあります。赤ちゃんによっては、抱っこされているような状況に限ってオシッコをしたがる子もいます。だから、それぞれの赤ちゃんの排泄パターンをよく観察することが大切なのです。長時間車に乗ることがわかっている場合は、前もってオシッコをさせておくとよいでしょう。おむつなし育児をしていると、外出時に大量のおむつをおむつバッグに入れて持ち歩く必要がなくなってバッグにスペースができるので、代わりに、おむつなし育児お役立ちグッズ（小さいおまるやプラスティックの容器など）を入れて持ち歩くとよいでしょう。

《お出かけに便利な持ち物リスト》

★ふたのあるカップかプラスティックの容器（特に小さい男の子の場合）
★タッパーウェアかポティ・ボウル（おむつなし育児用のおまる）
★小さい携帯用おまる（特に赤ちゃんが、抱きかかえられてトイレなどでするのがあまり好きでない場合）
★おむつ1～2枚（おむつの上で排泄させる場合、あるいは「パートタイム」の場合）
★パンツやトレーニング・パンツの替え1～2枚（その時の進み具合によって）

車で出かける場合は、小さなおまるやホーロー製おまるをトランクに積んでおくのをお忘れなく！　こういった様々な「おむつなし育児グッズ」をいつも持ち歩くことをイメージすると、なんだかウンザリした気分になってしまうかもしれませんが、これらを持ち歩く時期は、本当に一時だけです。おむつなし育児を実践する赤ちゃんが少し大きくなると、括約筋は自然に発達しますから、トイレに連れて行くまでがまんできるようになるのです。おむつなし育児を実践した多くの親も、この時期（生後3〜8カ月）頃にそう報告しています。いずれにせよ、もっと大きな年齢のお子さんに一般的なトイレ・トレーニングをする場合でも、結局はそうやって、おむつバッグにあれやこれやを入れて持ち歩かなければならない時期はあるわけで、さらにおむつなし育児をしていないと、何年間も大量のおむつをおむつバッグに入れて持ち歩かなければならないわけですから……。

《親が語る！　外出時のおむつなし育児》

私たちにとって、「おむつなし」とは「おむつに100％頼る生活から自由になること」です。外出時にはおむつを使用していますが、多くの場合、何時間もの外出先から戻っても、おむつは濡れていません。たいていネシャーマには、チャイルド・シートやスリングから降ろす時などに、オシッコをさせています。

—ラメール、1歳児ネシャーマの母

フロリダに旅行しました。赤ちゃんがオシッコしたい時はわかるので、飛行機のトイレでさせていました。飛行機の中でのおむつ交換は大変なので、やりたくなかったのです。飛行機の中で赤ちゃんにおっぱいをあげて、オシッコをさせる。ただ、それだけでした。

―サバ、7カ月児キーナンの母

デクスターが5カ月の時、幼児用補助便座だけを持って旅行に出かけました。そしてトイレがある場所で、させていました。驚いたことに、持っていった替えのおむつを1枚も汚すことがなかったのです！　この頃には、デクスターは、公衆トイレかホテルの部屋に着くまではがまんしてくれるようになっていました。飛行機のトイレも使いました。おかげで、おむつ交換に必要な時間やお金がたくさん節約できました。

―リッキー、11カ月児デクスターの母

都会でおむつなし育児をする場合にちょっと大変なことは、近くに公共トイレがない場合、どうやってこっそりオシッコさせるか、ということです。そのためのヒントをご紹介します。

★容器、ふたつきの入れ物、おまる、口の広いペットボトルなどを持ち歩く

★オシッコ・ウンチをさせている間に赤ちゃんの下半身が露出しないよう、赤ちゃんの服やズボンでなるべく隠す、またはブランケットやスリングで隠す

★おむつをつけている場合は、おむつを脱がせて「シーシー」と合図してあげて、下に敷いたおむつめがけてオシッコさせる

★出かける前や、出かけた先にトイレがあればオシッコをさせて、すでにおむつを濡らしている場合にはできるだけ早く交換してあげる。汚れたおむつをすぐ交換してあげることは、オシッコをキャッチしてあげることとほとんど同じくらいよいことだと考えて、リラックスするよう努める

—エリン、4歳児グレース、7カ月児イブの母

《オシッコ・ウンチのチャンス》

★寝起き

★授乳中、授乳後

★食後

★外出前

★外出後

★スリング、チャイルド・シート、ベビーカーなどから降ろした直後

★おむつ交換時

★入浴前後

★寝る前

夜はどうするの？

おむつなし育児では「夜どうするか？」が気になりますよね！　親にとって、夜間によく眠ることは、昼間活動するためにとても重要なことです。だから、おむつなし育児と夜間十分に眠ることは両立できるかな……と心配になるでしょう。この時期(生後3～8カ月)の赤ちゃんは、「一晩中オシッコしないでいられる」ということはまずありえません。もう少し大きくなると、睡眠中に分泌される抗利尿ホルモン（ＡＤＨ：antidiuretic hormone）の働きで、お昼寝中や夜間の就寝中は長時間オシッコをしなくなります。だから、子どもは（大人も）寝起きにすぐオシッコが出るのです。1歳前の子が一晩中オシッコしないということは、普通はあまりありません。この時期の赤ちゃんは、普通、夜間オシッコをします。ですから、おむつなし育児に興味がある人にとって、夜間のオシッコの世話は、とても重要な関心事だと思います。

夜間のおむつなし育児には、まず、赤ちゃんがどこに寝ているかと、赤ちゃんの就寝について、あなたがどのように考えるかがポイントになります。赤ちゃんはあなたと添い寝していますか？　それとも、あなたの寝室か赤ちゃんの寝室にあるベビーベッドの中で寝ていますか？　赤ちゃんは夜中におっぱいを求めたり、抱っこしてほしがったり、オシッコしたくて目覚めますか？　あるいは、ずっと寝ていますか？　これらの条件によって、あなたに合った夜間のおむつなし育児を見つけていきます。

【夜もおむつなしにする場合】

多くの親は、「赤ちゃんは、夜中にオシッコがしたくて目を覚ます」と言います。あなたの赤ちゃんもそうだとしたら、あなたが身につけた昼間の「おむつなし技術」が、夜間にも役立ちます。夜、暗い部屋の中でおまるでオシッコさせて、再びベッドに寝かせる行為は、ほんの数分で終わるものです。

夜間の「おむつなし育児」は、基本的には昼間と同じだということを覚えておいて下さい。全てのオシッコをキャッチする必要はないのです。夜間についても、気をつけていると赤ちゃんの排泄パターンがだんだんわかってきます。赤ちゃんによっては、夜の授乳中にオシッコをするケースもあります。そして、できるだけすばやく授乳と排泄を済ませてあげればあげるほど、赤ちゃんもすんなり睡眠に戻っていくようです。親によっては、「昼間よりも夜間の方が、赤ちゃんの気が散ることが少ないので簡単」という人もいます。

あなたもきっと、「他の家では、夜の『おむつなし』をどんなふうにやっているのかしら……」

と気になることでしょう。多くの家庭では赤ちゃんが寝るベッドシーツの下に、防水加工したパッドを敷いています。そしてその上に、大きめのフリースかウールのパッドを敷き、ベッド脇におまるを置いています。そのおまるの中に布か紙おむつを敷いておいて、オシッコを吸収させ、夜中におまるのオシッコをトイレまで捨てに行かなくていいように工夫している場合もあります。赤ちゃんとの排泄コミュニケーションに自信があって、赤ちゃんを信頼しているので、夜中もおむつをつけないというケースもあります。あるいは、夜もおまるでさせるとしても、とりあえずは安全のためにおむつをつけておくケースもあります。

夜間は、赤ちゃんの排泄サインがよくわかります。私を起こしてくれるからです。赤ちゃんは、おむつをしないで寝ている方が快適そうなので、おむつなしで寝かせています。オシッコの時には起こしてくれるので、ベッドを濡らすことはあまりありません。夜間、こういうことが続いたので、昼間もおむつなし育児をやってみることにしました。

—ララ、1歳児ルビーの母

私たちは、おむつなし育児を始めた頃から、夜間もトライしています。ベッドの脇におまると、

おむつとウエットティッシュを置いています。昼でも夜でも、ネシャーマが寝ていて目を覚ましたら、抱っこかオシッコか、あるいはその両方のサインです。目覚めた時に泣いていたり、寝返りを打つのはオシッコのサインですから、おむつをはずしておまるに座らせ、抱っこしてささやきかけたり、ちょっとした歌を歌ってあげたりした後で、「シーシー」と合図をすると、オシッコしてくれます。夜間には、こういうことが1回くらい起こります。時々、赤ちゃんとのコミュニケーションがあまりスムーズにいってないと、おむつにした後で目覚めることもあります。そんな時は、すぐにおむつを交換してあげて、また2人とも眠りにつくのです。

―ラメール、1歳児ネシャーマの母

夜、赤ちゃんが起きた時にやっています。夜は他にジャマするものがないので、逆にやりやすいです。赤ちゃんは静かに寝ていると、突然、「ウー」と言って動きながら目を覚まします。そこでおむつをはずしてあげると微笑むのです。赤ちゃんを抱っこしてトイレへ連れて行き、「シーシー」とオシッコさせます。

―ケビン、3カ月児ケイデンの父

【夜はおむつなしにしない場合】

家庭によっては、夜間のおむつなしは、「睡眠を妨げて生活リズムを乱してしまうもの」と考えるケースもあります。夜間「おむつなし」を続けると、夜中に起きることを赤ちゃんに教え込んでしまうのでは……と心配する人もいます。実際には赤ちゃんは夜中にオシッコするとき、たとえ少しであっても体を動かします。でも放置され続けると、眠ったままおむつの中にオシッコすることを覚えていきます。夜間に排泄の欲求を感じても赤ちゃんに目を覚ましてほしくない場合は、そのまま放っておきましょう。次の成長段階で、一般的なトイレ・トレーニングをする年齢になった時に、あなたのお子さんはオシッコがしたくなると夜中でも目を覚まして、あなたに排泄を手伝ってほしいとはっきり要求するようになるか、夜間寝ている間はオシッコをしなくなります。

夜間はおむつをつけています。赤ちゃんが起きたときにはおむつをはずすことも時にはありますが、普段私たちは、夜はちゃんと眠ることを優先させています。

—キャサリン、4人の子の母

赤ちゃんは12時間連続して眠ります。だから、おまるに連れて行くことはできません。おむつが濡れて目を覚ました時には、おまるに座らせます。

—サバ、7カ月児キーナンの母

《夜寝る前の準備》

夜間におむつなし育児をやる場合は、いくつか方法があります。どの方法にしても、赤ちゃんの安全のために、赤ちゃんの顔の近くには物を置き忘れないよう注意しましょう。

★防水加工したシーツを、ベッドシーツの下に敷いておきましょう。

★大きめのフリースかウールのパッドかPULpads（3章参照）をベッドシーツの上に敷いておきましょう。

★赤ちゃんにおむつかトレーニング・パンツをはかせておくと、夜間のおむつ交換が楽です。家庭によっては、赤ちゃんのおむつをはずして布おむつの上に寝かせて、オシッコをしたらそれを交換する家庭もあります。いずれの場合も、安全のため、赤ちゃんの顔の周りには、物を置き忘れないようにしましょう。

★おまるをベッドの近くに置いておきましょう。おまるの中のオシッコを、夜中にいちいちトイレに捨てにいかなくて済むよう、おまるの中におむつを入れて、何回かのオシッコを吸わせている家庭もあります。

《ミーティングでよくある質問》

Q 赤ちゃんに、トイレやおまる、お風呂や洗面所、戸外など、色々な場所でオシッコ・ウンチをさせていたら、「でも、本当にする場所はトイレだ」と赤ちゃんが理解する日は来るのでしょうか？

A あなたの赤ちゃんはまだとても小さくて、色々な場所でおっぱいを飲んで、色々な場所で寝ているることでしょう。今大事なことは、赤ちゃんが本来持っている排泄コントロールの身体感覚を、失わないようにしてあげることです。月齢の低い赤ちゃんは、トイレのある場所に行くまで毎回オシッコをがまんできるわけではありませんし、また無理にそうしようとすると、この時期まだ頻繁にオシッコする赤ちゃんを世話するあなたにとってても大変な負担になります。赤ちゃんは大きくなるにつれ、どんどん周囲の人の真似をするようになります。赤ちゃん自身で観察したり、あなたが話してあげたりすることで、赤ちゃんは自然に、「本当はトイレでする」ことを覚えていきます。ちょうど、ダイニングやキッチンは食べる場所で、寝室は眠る場所だということを覚えるのと同じことです。

Q　私は「パートタイム」をするのがやっとです。そういうやり方って、赤ちゃんが混乱してしまいますか？

A　多くの人は、おむつなし育児について「やるかやらないかどちらかだ(all-or-nothing)」と思っているようです。でも、それは間違いです！　あなたの赤ちゃんは「パートタイム」でも大丈夫なのです。おまるでしたりおむつでしたりすることは、ちょうど、お母さんのおっぱいから飲んだり、哺乳瓶から飲んだりするようなものです。

赤ちゃんと一緒にいられない時

初めておむつなし育児のことを聞く人は、「そんなのはありえない」「親の負担が大変」「お母さんがつきっきりにならないとだめだから、どこへ行くにも赤ちゃんを連れて行かなければならない……」といったイメージを浮かべます。

もちろん、赤ちゃんと親の親密な関係はおむつなし育児に重要なことで、赤ちゃんと密な時間を過ごすことで赤ちゃんとのコミュニケーションもよくなります。でもそれは、「赤ちゃんと一緒にいられない人はおむつなし育児ができない」という意味ではありません。**多くの働くお母さんやお父さんも、おむつなし育児をしています**。働く親も、子どもが2～3歳になると一般的なトイレ・トレーニングができるのと同じことです。

毎日ある一定時間赤ちゃんと離れていなければならない親がおむつなし育児を実践することで、まだ言葉の話せない赤ちゃんと過ごす貴重な触れ合いの時間がより素晴らしいものになり、赤ちゃんのことがもっとよくわかるようになります。私たちの「おむつなし赤ちゃんミーティング」に来たある女性は、ある時期、自分の赤ちゃんが自分よりも父親と一緒に「おむつなし」をやる時の方が楽しそうにしていることに気づきました。彼女は専業主婦で一日中赤ちゃんと家で一緒に過ごしているにもかかわらず、です。多分この赤ちゃんは、仕事で日中留守にするお父さんと触れ合うチャンスが少ないから、この時期、お父さんといることを好んだのでしょう。

おむつなし育児の先駆者で、『赤ちゃんのおまるトレーニング（*Infant Potty Training*）』の著者でもあるラウリー・バウックは、排泄コミュニケーションについて、「いつもそばにいてあげられない親が、赤ちゃんと触れ合える素晴らしい機会」と表現しています。特にお父さんにとって、深い幸せをもたらしてくれる時間となるでしょう。「お父さんは母乳をあげられませんが、他のことはしてあげられます」とバウックは言います。おむつなし育児はそういう意味で、お父さんも参加できる、具体的で意味のあることです。お父さん以外にも、赤ちゃんと日常的に接しているベビーシッターさんやお祖父さんお祖母さんといった、家族や他の大人たちも参加できます。実際、多くのお祖父さんお祖母さんはおむつなし育児に協力的です。祖父母の世代は、自分の親やその上の世代が「赤ちゃんにおまるでさせていた」ことを覚えていて、比較的すんなり受け入れられる方が多いのです。

いずれにせよ、あなたが外で働いている時間、赤ちゃんが他の人にケアされているのであれば、おむつなし育児をしてもらうことで、赤ちゃんが「お父さん・お母さん以外にも、自分のことを愛してくれて、排泄ニーズに応えて助けてくれる人がいる」と理解できるよい機会になります。

お父さんやお母さんやその他の赤ちゃんを世話する大人たちは、とても小さい赤ちゃんを「おむつなし」で育てることを、不安に思う場合があります。こんな小さな赤ちゃんと意思の疎通をすることは不可能と考え、おむつをつけて世話をするのが一番安全、と考えてしまっても、それはそれでいいのです。もう少し赤ちゃんが成長して、赤ちゃんがおむつなし育児のイニシアティブをとってくれるようになると、周囲の大人たちも、もっとやる気と自信をつけていってくれることでしょう。今はおむつなし育児を実践する親として、あなたは色々なやり方で、焦らず無理せずこれら「二の足を踏んでいる周囲の人々」を味方につけていって下さい。例えば私の夫は、いつも「おまるのお掃除係」をとても誇りを持ってやってくれていました！

《親が語る！　他の人に世話してもらう》

■私は働いているので、祖父母、おじさん、おばさんみんなが、ドリアンにやってくれます。

―ディアナ、7カ月児ドリアンの母

■おむつなし育児はすごい経験です。1年半の間、私は2人の女の赤ちゃんのベビーシッターとして働き、彼女たちにおむつなし育児をしました。「おむつなし」をしていると、赤ちゃんにとてもよく注意を払うようになるし、赤ちゃんとの距離が近くなります。外出時に「おむつなし」ができると便利です。なぜならおむつの中にさせると汚物で赤ちゃんの体が汚れてしまいますが、おむつをはずしておまるやトイレでさせれば清潔なままだからです。赤ちゃんにとって快適で、私にとっても平和なことです。おむつなし育児を通じて、赤ちゃんと特別な感じでつながって、たくさん笑わせてもらいました。赤ちゃんがおまるに座っている間、私はへんてこな顔をしたり、本を読んであげたり、足をくすぐってあげたりするのが好きです。オシッコ・ウンチを「見逃す」ことがあっても、赤ちゃんのニーズをちゃんとわかってあげていれば、赤ちゃんは幸せそうな顔をするので、私も幸せな気持ちになるのです。

―ケイラの2歳3カ月児ジェーン、8カ月児ヘレンのベビーシッター

私は小児科医で、ベッツィーは私の最初の子どもです。子守の女性は10年以上の経験がある人でした。はじめ彼女に、「赤ちゃんにはおまるを用意してあるので、そこにウンチをさせて下さい」とお願いした時、彼女は私のことを「頭がおかしい人……」と思ったそうです。彼女は「そんなことをしたら、ベッツィーの心に傷がついて、後で、赤ちゃん返りなどの問題行動を起こすようにな

ると思います」と言いました。私たちは「それでもいいわ」と言いましたが、子守の女性はベッツィーにおむつを使い続けました。でも、私がベッツィーにおまるを使うようになって3〜4カ月くらいすると、ベッツィーはおまるでウンチすることを明らかに好むようになりました。ある日、家に帰ると、子守の女性は、驚きと喜び一杯の表情で話してくれたのです。それによると、ベッツィーが大騒ぎして、顔をまっ赤にして床を走っていったので、子守の女性がベッツィーをおまるにのせると、彼女はただちにウンチをして、幸せそうな表情をしたのだそうです！　それ以来、子守の女性はおまるを使うようになってくれました。ところで、私たちの子守の女性がおまるをやっと受け入れてくれるようになる数カ月前に、医大生をベビーシッターとして夜間、雇ったことがあります。この学生は、昼間、複数の障害のある子どもたちのためのプログラムで働いている学生でした。私たちはこの学生に、ベッツィーの排泄のサインをいくつか教えたところ、喜んでおむつなし育児をしてくれました。この学生は、最初から何度もオシッコのキャッチに成功してうまくやってました。

—エミリー、2歳児ベッツィーの母

忙しい人は

もしもあなたが「とても、とても、とても忙しい」人だとしたら、おむつなし育児をすることは可能なのでしょうか？　そんなあなたは、外で仕事をして、帰宅して家事もして、上の子どもたちの世話もしなければならなくて、忙しすぎて、とてもじゃないけど赤ちゃんが出す微妙な排泄のサインなど、わからないのでは……と不安に思っているかもしれません。

ここでも繰り返しますが、要はバランスの問題です。もしもあなたがおむつなし育児をしてみたいと思うのであれば、最初のステップ、赤ちゃんのサインやパターンをつかむところをクリアしてしまえば、あとはたいしたことではありません。それに、私の友人たちも言うように、子どもと心がつながることで、あなたと子どもの関係がとても調和のとれたものになることは、何ものにも代えがたいものです！

もしおむつなし育児が大変すぎると感じたら、ちょっと後戻りして、どうしたらおむつなし育児をあなたの生活の中にフィットできるか考え直してください。どのくらいのレベルだとあなたの生活の中で無理なくできるのか、冷静に考えてみましょう。この本で説明している3つの方法（フルタイム、パートタイム、時々やる）の内容をよく理解していただければ、家庭の状況とあなたのライフスタイルに合ったやり方を見つけてもらえるのではないかと思います。この3つのやり方を混ぜてやることもできます。とにかく、あなたの赤ちゃんの様子をよく観察しながら、ゆっくりと少しずつ始め、大丈夫そうなら少しずつ「おむつなし」にする回数などを増やしていきましょう。もしも色々なことが大変になってきてしまったら、ちょっと後戻りしてみましょう。私の場合も、次男が生後2～4カ月だった頃、彼の健康問題があったので何よりもそちらを優先させて、おまるキャッチは週に1回、たった1回だけに減らしていたこともあります。色々なことが起こって生活が大変になったらいつでも、赤ちゃんにおむつをつければよいだけのことです。忙しくなりそうなことがわかっていれば、前もって対処しておけばいいのです。例えば、夕飯の準備で忙しくなる前におまるでさせておくとかね。

もしも上のお子さんがいても、「おむつなし育児」は服を着替えさせるとか食事を与えるなどと同じ子育ての方法の一つに過ぎないと、気軽な気持ちで受け止めて下さい。上のお子さんは、おまるを運んでくれたり、おまるに座っている赤ちゃんを支えてくれたり、遊んでくれたりと、喜んで色々手伝ってくれるものです。よく覚えていますが、私の長男は、私が十分注意を払っていなかったときに、次男のオシッコ・サインを察知してよく教えてくれたものでした。ビデオにとてもかわいらしい映像が残っています。長男ベンジャミンが2歳くらいの頃、次男のダニエルがおまるを触っているのを見つけて、私に「ダニエルがオシッコしたがってる」と教えてくれている映像です。また、上の子どもたちは、赤ちゃんのお手本になってトイレの使い方を自然に教えてくれます。赤ちゃんはそうしてお兄ちゃんやお姉ちゃんからトイレの使い方を学び、上の子たちも赤ちゃんのお手本になっていることをとても誇りに思うのです。

《親が語る！　お兄さんやお姉さんがいる場合》

イブはいつも、姉のグレースのことを見ています。時々、私や夫のことよりも、姉のことをよーく見ていますね。グレースがトイレを使っているのを見ると、イブもトイレを使いたがります。そしてグレースも、イブがオシッコをしたそうにしていると気がついて教えてくれます。おむつなし育児をしていると、上の子にかまってあげることが少なくなるなんてことはありません。それどころか、おむつなし育児のおかげで家族がより協力的に、ひとつになれる感じです。

—エリン、４歳児グレース、７カ月児イブの母

私には５人も子どもがいて、どうやっておむつなし育児をしているのか想像もつかない、と人々

は言います。でも、特に大変ということもなくて、おむつなし育児は私たちの生活の中にフィットしていると思います。それに、上の子たちが本当によく手伝ってくれるのです。一番上の子はティーンエイジャーなのですが、赤ちゃんのジャックにトイレやおまるでさせてくれます。6歳の子は「幻のオシッコ」(86ページ参照) がすごくよくわかる子ですし、5歳の子は赤ちゃんのジャックに「シーシー」と合図を出すのが好きです。「おむつなし」で育てた2歳の子は、ジャックがしたい時に本当によくわかって教えてくれるし、おまるに座っているジャックに歌を歌ったりもしてくれます。2〜3歳になって一般的なトイレ・トレーニングをする子はよく、下の子が生まれると赤ちゃん返りして、またおむつをつけたがったりすると言います。でも私のおむつなしチャイルドたちには、そんなことは起こりません。だって、生まれてきた下の弟や妹も、おむつじゃなくて、自分と同じようにおまるやトイレでオシッコ・ウンチをしているんですから。

—エリザベス、2歳児リリアン、8カ月児ジャックを含む5人の子の母

子どもたちには、「赤ちゃんがトイレで排泄できるはずがない」という先入観や文化的偏見がないので、赤ちゃんの排泄のサインを敏感に読み取ることができるのです。

私たちが偶然出会った9歳の男の子に、私たちがどうやって赤ちゃんにトイレでさせるか教えていたら、その数分後、その男の子は、「その赤ちゃん、オシッコしたそうだよ」と教えてくれたのです。彼の言うとおり、ドリアンはオシッコしました。

—ディアナ、7カ月児ドリアンの母

《いちばんよくある質問　汚れないの？》

Q 私はおむつなし育児にとても興味があって、ぜひやってみたいと思っています。でも一方で、夫と私は、そんなことしたら、家の中や、私たちの服が汚物だらけになるんじゃないだろうか……と、心配です。

A おむつなし育児は「100%おむつ生活」より家が汚れる、ということはありません。私の2人の息子が赤ちゃんだった時、私はカーペットが敷き詰めてある家に住んでいました。赤ちゃんを「おむつなし」にする時は、家の中のフローリングの場所や、防水パッドを敷いた場所でやっていました。それ以外の場所では、オシッコ・ウンチが出た直後を除いて、基本的にはおむつをつけていました。家では、布おむつかトレーニング・パンツにして、上にはシャツを着せて、ベビーレッグス（ベビー用レッグウォーマー）をはかせていることが多かったです。この格好だと、オシッコ・ウンチの時に、すぐにおむつやパンツをはずしておまるやトイレにささげることができますから。赤ちゃんとよい排泄コミュニケーションができていたので、必要と思う時にはおむつをつけていました。おもらしされて床を汚されたことはあまりありませんでしたが、もしも汚されたとしても、気にしませんでした。別に、「絶対おむつなし」にする必要はないのです。必要なら、いつでもおむつをつけていいのです。

《親が語る！「見逃し」と「おもらし」》

私は紙おむつを使いながら「おむつなし」をしています。母親業と、フルタイムのキャリアウーマンをしているだけでもう精一杯ですから、家の中でおもらしされたらとても手が回りません。だから、紙おむつを使っています。

―サバ、7カ月児キーナンの母

「おもらし」という視点から見ると、おむつなし育児は普通におむつを使う子育てと大して変わりません。娘がおむつをしていて、大量にウンチをされた時なんかは、娘の服を全部取り替えて体をきれいにしてやって……ということが何度もありました。その点、おまるやトイレでウンチをキャッチできるおむつなし育児の方が、汚れが少ないと言えます。赤ちゃんの体や服にウンチがついたりしないので、後始末も楽です。

―エリン、4歳児グレース、7カ月児イブの母

ストレスを減らすために

「おむつなし育児なんて、ストレスがたまりそう……」あなたはきっとそう考えると思います。その気持ちは十分わかります。赤ちゃんの時からおまるでさせるなんて聞くと、なんだか神経質そうな親が四六時中赤ちゃんを見張っていて、小さな排泄サインを見つけると、赤ちゃんを抱き

かかえていってトイレでさせる……そんなイメージを持たれているのではないでしょうか。

この本をここまで読んでいただいていれば、おむつなし育児はそんなイメージからはほど遠いものだと、あなたはご理解下さっていることと思います！　赤ちゃんの世話には、色々な意味で一時、とても大変な時期があるものです。でもあなたに、おむつなし育児の様々な方法や他の親からのアドバイスをお伝えすることで、あなたの中にたくさんの知恵や知識が蓄積されることを願っています。

赤ちゃんのサインを読み取ってトイレやおまるでさせてあげられることは、大きな喜びです。親によっては、赤ちゃんとのコミュニケーションがとてもうまくいっていたのに、トイレなどでうまくさせられないことが続いたりすると、がっかりしてやる気がなくなったりもします。歯が生える時期や、病気の時、あるいはハイハイや歩行などを始める時期などに、そういうことが起こりやすいのです。親によっては自分自身に「オシッコをキャッチするんだ！」とプレッシャーをかけすぎて、長距離旅行などのおむつに頼った方がよい時まで頑張ろうとして、うまくいかなくて、やる気がなくなってしまうケースもあります。

もちろん、多くの親は「明日は明日の風が吹くから……」という感じで、こういう状況も適当に乗り切っています。そんな親たちは、おむつなし育児をよく旅にたとえます。「努力するに値する、子どもとのコミュニケーションの旅であって、オシッコ・ウンチをキャッチするという結果は重要でない」というように。彼らには、周りに理解して助けてくれる人がたくさんいて、おむつなし育児を苦労も少なくやれているのでしょう。おむつなしに関わる多くのことを、深い愛情を感じながらやっているので、ストレスもあまり感じないのでしょう。

しかし、もしもあなたがおむつなし育児にすごくストレスを感じたり、やる気がなくなったりしたら、「時々やる」のでも十分なのだし、あるいはお休みしてもいいことを思い出して下さい。重要なことはコミュニケーションであって、実際にオシッコ・ウンチをキャッチするということは、二の次なのです。目の前の赤ちゃんがしていることを、十分認めてあげて下さい。赤ちゃんに「おむつなし」という素晴らしい体験をさせてあげることだけでも、十分価値があるのです。**1日30分でいい**から、「おむつなし」を経験させてあげたら、後は「おむつなし」のことなんて忘れてしまったっていいのです。

《親が語る！　うまくいかない日々》

赤ちゃんがトイレに行きたそうだとわかるのですが、歯が生えてきているのが痛いのか、おまるにのせると泣き叫んで抵抗します。そういう時は、彼の今の特別な状況を理解してあげるよう努力します。彼は、抱っこしてあやしてほしいだけで、他のことは何もしたくない……みたいに抵抗する時もあれば、その数時間後には、再びおとなしくおまるにのってくれることもあります。ホントにくるくるめまぐるしく変わります。彼の歯の痛みがひどかった日は、おむつの中にさせて、濡れたおむつをすぐに替えてあげました。そんな時は、彼もオシッコのサインを出してくれません。でも、機嫌が直ると、サインを出してくれるようになります。

—デボン、６カ月児ライラーの母

赤ちゃんのサインはしょっちゅう変わるし、全然サインを出してくれないこともあります。でも、赤ちゃんとのコミュニケーションがうまくいくと、やっぱりなんだかすごいなあと思うのです。もちろん、フラストレーションもたまるし、自信がなくなることもあります。だけどそれって、１００％おむつを使っている親でも、同じことでしょ？

おむつなし育児で壁にぶつかった時、もう全てがイヤになることがあります。多分どんなことでも、やってみる価値のあることには、乗り越えるべき課題が準備されているのだと思います。赤ちゃんの排泄には本当にたくさんの課題があるのです！ 赤ちゃんとうまくコミュニケーションがとれない時は、おむつなし育児の基本を忠実に守りながらも、状況に応じて柔軟に対応していくことで、解決策が見つかると思います。

—サラベス、8カ月児ベンの母

—ラケル、6歳児イサイア、3歳児サイモンの母

おむつなし育児の旅を続けるために

もしもあなたが、「どうしておむつなし育児なんかやっているのかしら……」とふと疑問に思うことがあったら、おむつなし育児は赤ちゃんが持って生まれた身体機能をキープしてあげられるし、その身体機能を使ってあなたとコミュニケーションできるから、というふうに考えてみま

しょう。排泄を通じて豊かなコミュニケーションができるということは、赤ちゃんとあなたにプレゼントされた素晴らしい贈りものなのです。何枚のおむつを節約することができたかについても思い出してみて下さい。それらは、多くの家庭が「おむつなし育児は素晴らしい」と認める多くの理由の中のほんの一部です。ここに、おむつなし育児を通じて変化していった親の声をご紹介します。

興味があるけど、二の足を踏んでいる人は、「お試し期間」を作ったらいいと思います。私も、最初はちゅうちょしていました。子どもがたくさんいる私には、大変すぎて、他のことを犠牲にしないとできないのでは……と思っていたのです。赤ちゃんにとってもプレッシャーなのでは、とも思いました。でも、とりあえず、2週間だけやってみることにしたのです。その間は、赤ちゃんのサインを読み取ることと、赤ちゃんのニーズに応えてあげることを何よりも優先して、様子を見ました。もしも赤ちゃんが気に入らなかったり、私がストレスを感じすぎたら、いつでもやめようと思っていました。でも、実際にやってみると、赤ちゃんも私も、とても楽しかったのです！　おむつなし育児をストレスに思わないで私がリラックスすればするほど、うまくいくみたいです。

——キャサリン、5人の子の母

おむつなし育児はすごく簡単です。1日に1度だけおまるでさせるとか、おむつを交換する時におまるに座らせるだけで、何かよいことをしているような気分になれます。時々やるだけでも、全くやらないのに比べると、とても多くの恩恵をもたらしてくれます。やってはいけないことは、あなた自身にプレッシャーをかけすぎることです。あなた自身に優しくしてあげて、妥協する必要があれば、して下さい。あなたにとって一番自然で無理のない方法が、最もよい方法なのです。赤ちゃんは、とても、とても賢いです。あなたが想像する以上に、賢いです。そして、とても寛大でいつも許してくれます。たとえ赤ちゃんのサインをキャッチできなくても、あなたに赤ちゃんの体と心の声を聴こうとする気持ちがあれば、赤ちゃんはコミュニケートし続けてくれます。重要なことは、あなたが赤ちゃんに意識を向けてあげることです。

―ディアナ、7カ月児ドリアンの母

次の章では、ハイハイするようになった赤ちゃんと、赤ちゃんから幼児へと向かう時期にいる子どもに対するおむつなし育児の楽しさについて、お話ししていきます。

6 動き始めた赤ちゃんとのおむつなし育児

……生後8〜12カ月期……

あなたの赤ちゃんも、あっという間にどんどん成長していることと思います。つい数カ月前までは、あなたの腕の中で静かに満足して眠っていたのに、今では「ハイハイ」の能力を駆使して部屋のあちこちを探検して回っていることと思います。この時期の赤ちゃんはとにかく動き回ることが大好きで、あなたとのコミュニケーションのあり方も、それに伴って自然と変化していきます。赤ちゃんの個性も、さらにはっきりしてきます。

また、赤ちゃんの興味関心もどんどん広がっていきますので、おむつなし育児のやり方も少しずつ変わっていきます。例えば、赤ちゃんの方がイニシアティブをとって進めてくれる……なんてこともありますが、一方で、あなたの方で色々と工夫しないといけない課題も出てきます。でも、心配しなくて大丈夫ですよ！　この章では、そんな時期の赤ちゃんにおむつなし育児をする方法についてお話ししていきます。ご紹介する方法は全て、色々な家庭で「実証済み」のものばかりです。

3つのステップ

読者のみなさんの中には、この時期からおむつなし育児を始める家庭も、すでに開始されている家庭もあるかと思います。まだ始めていない家庭では、赤ちゃんは生まれてからこれまでの月日の中で、「おむつの中へ排泄する」ことをかなり学習してしまっているので、月齢が低い赤ちゃんに対するのとはちょっと違うやり方で進める必要があることを、まず理解下さいね。この時期までおむつの中だけでしていた赤ちゃんは、ひょっとすると、排泄の身体感覚が弱くなってきているかもしれません。でも、この身体感覚を取り戻していくことは、それほど難しいことではありません。この時期に開始するにあたっては、**3つのステップ**を踏んでいくことになります。

それは、**「体からオシッコ・ウンチが出ることを知る」「あなたの合図（シーシー／ウーン）でオシッコ・ウンチを出すことを知る」「おまるやトイレでオシッコ・ウンチする」**です。これら3つのステップは、「フルタイム」「パートタイム」「時々やる」のどれを選択するかにかかわらず、とても重要なものとなります。とにかく、あなたと赤ちゃんにとって無理のないペースで進めるということを覚えておいて下さい。

【体からオシッコ・ウンチが出ることを知る】

最も大切な最初のステップは、赤ちゃんに「体からオシッコ・ウンチが出ることを知る」経験をさせることです。これには2つの理由があります。1つは、正しい筋肉を使って膀胱をゆるめてオシッコをコントロールするという、赤ちゃんの排泄感覚を取り戻させるためです。この時期、赤ちゃんは、カーペットやラグが敷いてある家の中をハイハイで動き回っていることでしょう。それでも、オシッコ感覚を理解させるのに最も手っ取り早い効果的な方法は、おむつをはずしてしまうことです。

といっても、一日中、おむつを完全にはずすというわけではありませんし、家中に垂れ流しさせるわけでもありません。あなたの家庭の状況に一番合った無理のないやり方を考えましょう。気候が暖かければ、戸外にいる間にいつもおむつをはずすようにするといいでしょう。もしも一日中だいたい家の中にいて、おむつをはずすのが難しい場合は、1日のうちで時間を決めて、その時間内だけおむつをはずしてみる方法もあります。例えば、お風呂に入る前後や、おむつを交換する時が最適です。夜30分だけおむつをはずす時間を作るとか、あるいは、おもらしが気になるのでしたら、家の中でおむつをはずしていい場所を決めるという方法もあります。

初めておむつをはずす時、赤ちゃんは、おむつなしの状態で排泄することができないかもしれません。だって、生まれてから今まで、「おむつの中でオシッコする」ようにしつけられてきたのです。だからオシッコするために、あなたが再びおむつをつけてくれるのを待っていることでしょう。でも逆の見方をすると、これは赤ちゃんが「おむつという慣れた場所で、オシッコするまでがまんする」、つまり排泄コントロールができている証拠でもあります。最終的には、もちろん、オシッコが出てしまうわけですが、その前には十分水分を摂らせてあげて、自分のオシッコをしっかり感じさせてあげることが大切です。

ウンチについても同じです。赤ちゃんはたいてい、ウンチの時はオシッコの時よりもわかりやすいサインを出すものです。だからウンチの方に、より意識を向けるとよいでしょう。おむつなし育児をする／しないにかかわらず、多くの親は、赤ちゃんがウンチをしそうな時はわかるものです。オシッコ・ウンチのどちらなのかをよく観察することで、赤ちゃんの排泄パターンがわかってきます。いったんそのパターンがわかってしまえば、赤ちゃんをおまるやトイレでさせる最もよいタイミングがわかるようになります。例えば、寝起きや、食べたり飲んだりしてからある一定時間後などは、とても一般的な「オシッコが出やすいタイミング」です。そして、午後よりも、午前中の方がオシッコ・ウンチはよく出ます。

もしも紙おむつを使っているのでしたら、「完全におむつなし」にトライする前のステップとして、布おむつ（できればカバーなしで）やトレーニング・パンツを使ってみる方法もあります。この方法は、「100％おむつ」から、「おむつなし」へ移行する橋渡しのようなもので、この月齢で始める親と赤ちゃんにとっては、最も無理のない方法と言えます。布おむつやトレーニング・パンツを使うと、「もらすと濡れる」ということを感じられますし、いつ赤ちゃんがオシッコしたかをあなたも知ることができます。これは、最初の学習期間において、とても重要なことです。もちろん「紙おむつはもう使えない」ということではありません。布おむつを1日1時間くらい使って、残りの時間はこれまでどおり紙おむつを使うこともできます。たとえ1時間であっても、布おむつを使うことで、紙おむつと異なり、赤ちゃんに「もらすと濡れる」ということを経験させられます。

もしも赤ちゃんが長時間布おむつを使っていたら、次のステップは、おむつカバーをはずすことです。カバーをなしにしても、赤ちゃんにとっては大きな差はないかもしれませんが、あなたにとっては大きな変化をもたらします。赤ちゃんが濡れたらすぐわかるようになるのです。すると、排泄パターンを理解することができて、次のステップ、あなたの「シーシー」の合図と赤ちゃんの「オシッコが出る」感覚を条件づけるステップへと進めます。

【合図（シーシー）でオシッコを出すことを知る】

赤ちゃんが「オシッコすると濡れる」ことを初めて知った時、とても驚くかもしれないし、大して反応を示さないこともあるかもしれません。そんな時は何が起こっているのか赤ちゃんが理解できるまで、何度かオシッコをさせてみる必要があるかもしれません。おむつなし育児中の赤ちゃんでも、オシッコをもらしてもリアクションがないことは、よくあることです。赤ちゃんによってはハイハイしながら遠くの方へ行ってしまって、おむつの中にしてからあなたの所へ戻ってくることもあります。あるいは、床にもらしたオシッコの池の中で遊んでいることもあります！一般的に言えることは、赤ちゃんの多くは、自分の排泄にとても敏感になっている時と、気が散っていて（多分、歯が生えるとか、自分の体の成長に気をとられていて）何もリアクションがない時、この2つの状態を行き来しているということです。

いずれにせよ、オシッコしそうだと感じたら、あるいはすでにしていたら、すぐに「シーシー」という合図を出してあげて下さい。合図の仕方は前の章で説明しましたが、覚えているでしょうか？　忘れてしまった方のために、おさらいをしましょう。赤ちゃんを下から抱きかかえるポーズでおまるやトイレにささげて、合図の声を出します。多くの人々は「シーシー」に似た音を出します。赤ちゃんのオシッコと、この合図が同時に出ると、赤ちゃんはやがて、合図とオシッコは連動しているのだと理解していきます。膀胱が一杯になっている時に、あなたが合図を出してあげると、筋肉をゆるめてオシッコができるようになります。

もう1つの方法として、あなた自身がトイレでオシッコする時に、「シーシー」と合図をしながらオシッコをして、その姿を赤ちゃんに見せる方法もあります。この時、あなたは赤ちゃんに向かって、今、自分が何をしているのか言葉で説明してあげて下さい。まだ言葉の話せない赤ちゃんに対し、手話で「トイレ」を教えてあげて、あなたがトイレでするたびに手話を示してあげるのもよいでしょう。この月齢の赤ちゃんに言葉で説明してあげることで、たった今この瞬間に何かが大きく変わるということはなくても、少しずつ積み重ねていけば、最終的に大きな成果を生み出すことができます。このようにして、最終的に、オシッコ・ウンチはトイレでするものだと赤ちゃんに教える次のステップへ移行していきます。

【おまるやトイレでオシッコ・ウンチをする】

この月齢には、おまるかトイレ（幼児用補助便座を使って）での排泄を始めたいですよね。ポティ・ボウルや他の携帯用おまるもまだ使っていいのですが、この月齢くらいになったら、最初から普通のおまるを使った方がいいと思います。ホーロー製おまるもいいです。最初は子どもに服を着せたままで、数日間おまるに座らせて慣れさせて、その後でおむつをはずして座らせるケースもありますし、最初からおむつをはずしておまるに座らせる家庭もあります。

赤ちゃんがおまるで遊びたがるのはよくあることです。ふたつきのおまるでは特にです（だから、私はベビービョルンのおまるが好きなのです。ふたもなくて、取りはずしのボウルもなくて、赤ちゃんの気が散りにくい構造になっています）。赤ちゃんがおまるで遊び始めても、あまり気にしないでリラックスして下さい。家の中の全てのものを、触って確かめてみたくなる時期なのです。でも、おまるがオシッコ・ウンチのためのものであるということは、きちんと言葉で伝えてあげて下さい。おまるは、一見どうということのないもののように見えますが、そのうち、それが排泄のサインとして使えることに気づくでしょう。動けるようになった赤ちゃんは、おまるをパタパタたたいたり、おまるで遊んだり、おまるに座ったりすることで、「オシッコ・ウンチが出るよ」と教えてくれることがよくあるのです！

この時期の課題は、**無理強いすることなく、赤ちゃんを一定の時間おまるに座らせておく**ことです。赤ちゃんがリラックスして膀胱をゆるませるのに、少なくとも数分はかかります。あなたも、赤ちゃんがリラックスできるように手伝ってあげて下さい。多くの親は、おまる時間用のおもちゃや本や歌を準備しています。おまるに座れるようになってくると、赤ちゃんはそれに座ったり降りたりできるようになったことをとても嬉しく思って、何度も何度も乗り降りしたがり、じっと座っているどころではなくなってしまうこともあります。もしも赤ちゃんが、幼児用補助便座を使ってトイレに座れて、おもちゃや本で遊べるのであれば、トイレを使用してみましょう。普通のトイレ便座は背が高くて、この月齢の赤ちゃんはまだ自分で乗り降りできません。だから、トイレ便座に座らせると、おまるよりも気が散ることが少なく長く座っていられます。トイレ便座に座らせる場合は、安全のために、いつもそばについていてあげていて下さい。赤ちゃんの排泄のタイミングやサインがわかれば、多分座って1〜2分でオシッコをすると思います。もしも、体を動かしたり、気が散り始めたりして、色々遊んであげても効果がなくなってきたら、便座から降ろしてあげましょう。とにかく赤ちゃんがおまるやトイレにネガティブなイメージを持たないよう気をつけて下さい。あなたがそばにいて、ポジティブな態度で楽しく赤ちゃんと触れ合っているのであれば、赤ちゃんもトイレタイムを楽しいものと思うでしょう。

《親が語る！　生後8～12カ月期のスタート》

私は息子が11カ月の頃に始めました。まず服を着たままおまるにのせて、次におむつをはずしてのせました。息子は楽しそうに座っていましたが、オシッコは出ませんでした。タイミングにも気をつけてやってみました（朝起きた後とか、昼寝直後とか）。でも、全然うまくいきませんでした。それからしばらくは、週末はおむつをはずして過ごさせて、息子の排泄のタイミングとサインをよく観察しました。これは、息子自身が自分の排泄について理解するのに役立ったようです。なぜならその後息子は、朝起きた時や昼寝後、それから日中何度か、おまるでするようになったからです。

—ジュリー、1歳2カ月児ベンの母

私はサミュエルが8カ月の時に始めました。やってみると、簡単で、どんどんできるようになりました。今まで紙おむつの中にさせていたことをとても後悔しました。生後8カ月から始めると大変かなと思っていましたが、そうではありませんでした。始めて以来、ウンチを3回見逃しただけです。

—メリンダ、3歳児サミュエル、10カ月児ハンナの母

【もしもどうしてもうまくいかなかったら】

最初に説明した3つのステップを試しても、赤ちゃんがおまるやトイレでオシッコ・ウンチをしてくれなかったら、あるいはおまるやトイレに座ることさえ拒否したら、いったん後戻りしてみましょう。トイレやおまるでさせることはこの際忘れて、「**大切なことは、赤ちゃんに自分の体の機能について気づいてもらうこと**」としっかり意識することに集中しましょう。赤ちゃんにできるだけ裸で過ごす機会を作ってあげて、オシッコ・ウンチをしたら、何が起こっているのか優しく教えてあげましょう。これを根気よく続けることで、近い将来、あなたの赤ちゃんがトイレやおまるでできるようになるための基礎ができあがっていきます。

《親が語る！　やる気が出ない時》

あなたが今やっていることは、とても意味のあることです！「こんなことやって、何になるの？」と疑いたくなる気持ちはよくわかります。特にあなたの赤ちゃんが、トイレやおまるを拒否し続けたりしたらなおさらね。私たちの子どもが拒否した時は、ただ頻繁におむつを替えてあげて、同時に、赤ちゃんに排泄プロセスについて優しく話し続けてあげました。そうして、数週間か数カ月それを続けていたら、「その時」がやってきたのです、赤ちゃんがおまるを受け入れてくれる時が……。誕生から2歳くらいまでの間には、何度も「おまるを受け入れてくれる」チャンスがやってくると思います。

——エリン、4歳児グレース、6カ月児イブの母

《よくあるトラブルのシンプルな解決法》

Q 赤ちゃんが自分の排泄に何も感じていないように見えるのですが……。

A 「おむつなし」かトレーニング・パンツで過ごす時間を増やしてみましょう。たとえ1日少しの時間でも「おむつに頼らない時間」を設けることで、赤ちゃんの意識に大きな影響を及ぼします。

Q 赤ちゃんがおまるに座ってくれないのですが……。

A 赤ちゃんが、他のおまるにならら座ってくれるか、あるいは他の場所に置いたら座ってくれるか試してみましょう。ラウリー・バウックは、「おまるにカバーをつけたりして温かくしてあげてみては？」とも言っています。それでもダメなら、おまるを使うことは数週間、忘れてみましょう。ただその間も、おまるについての話はしてあげて、またあなたがトイレでする様子を見せたり、おまるの上でぬいぐるみを使って合図を出したりしましょう。それで赤ちゃんが興味を持ってくれたら、おまるじゃない場所（戸外、広げたおむつをめがけて立ったまま、あるいはバスタブの中とか）で合図を出して、させてみるのです。そうすることで、少なくとも、あなたの合図と排泄行為を関連づけて理解できるようになります。そして再び「いけるかな……」という気持ちになったら、おまるに座ってみるよう（おむつなしでも、つけたままでも）、赤ちゃんを励ましてあげて下さい。

Q オシッコの回数が多くて、パターンがつかめません……。

A オシッコを全部キャッチしようとしないで、1回でもキャッチできれば自分をほめてあげましょう。そして、オシッコについて、できるだけ赤ちゃんと話をしてみましょう。とにかく、ストレスを感じないように対処することが大切です。赤ちゃんの頻尿を経験した親の多くは、一歩立ち止まって冷静に分析してみるといいと言います。何か利尿作用が高いものを食べていないか（メロンなど）、食物アレルギーではないか（特に普段はそれほど頻尿でない場合）、などです。便秘も頻尿の原因になることがあります。

Q 「見逃し」ばかり続いて……。

A

おむつに頼りましょう。「見逃し3回ルール」を適用しましょう。オシッコ・ウンチを3回「見逃し」したら、おむつに戻るというルールです。そうすることで、「見逃し」や「おもらし後の掃除」のストレスを減らせます。それで、また、次の日かあるいはいつでも、あなたが再びその気になった時に再開すればよいのです。朝、寝起き一番のオシッコとか、昼寝後のオシッコとか、確実な「1日1回のキャッチ」から始めて、少しずつ増やしていけばよいのです。完全にあきらめてしまわないで、リラックスして続けて下さい。

Q 赤ちゃんはとりあえずおまるに座ってくれるけど、おまるから降りたとたんオシッコします……。

A おまるに座っている間、なるべくリラックスできるように手伝ってあげましょう。おまるに座って見える風景を変えたいとか、おもちゃを変えたいとか、赤ちゃんにはそんな欲求があるのかもしれません。あるいは、何か違うことをしてみたいのかもしれません（おまるじゃなくてトイレでしたいとか）。おまるに座って、そして降りたとたんにするというのは、一般的なトイレ・トレーニングでもよくあることです。このことを、赤ちゃんがオシッコとおまるを関連づけて理解しているよい兆候だというふうに、ポジティブに解釈しましょう。

3つのステップの応用

ここまでに私が説明してきた3つのステップ「体からオシッコ・ウンチが出ることを知る」「合図でオシッコ・ウンチを出すことを知る」「おまるやトイレでオシッコ・ウンチをする」は、主として、この月齢（8〜12カ月）になってから始める赤ちゃんの親に向けてのものです。ただ、この3つのステップは、生後8カ月以前から始めている親にとっても、役に立つ場合があります。また、3つの方法の中で、1つの方法から別の方法へとジャンプする場合（例えば、「パートタイム」から「フルタイム」へといったような）にも、この3つのステップを覚えておくことで役に立つ場合があるのです。もちろん、この3つの方法は、「私は絶対この方法でいく」と決めつけるものではなく、この本をより理解していただくためのガイドラインのようなものです。多くの家庭は、この3つの方法を使い分けながらおむつなし育児を進めています。

例えば、あなたがもしも「時々やる」おむつなし育児をしているのなら、ここ数カ月間はウンチだけをキャッチしてきたかもしれません。それを、「オシッコも少しキャッチしてみる」レベルに広げてみるといいかと思います。赤ちゃんが「おむつなし」で過ごす時間を作ってあげて、赤ちゃんの排泄パターンをよく観察し、赤ちゃんに排泄感覚について経験させて、「パートタイム」や「フルタイム」へとジャンプしていくための基礎づくりをするのです。

もしも現在「パートタイム」を実践していて、でももっと赤ちゃんとつながりたいと希望するなら、さらに「おむつなしタイム」を増やして、あるいはトレーニング・パンツをはかせてあげることで、赤ちゃんの排泄パターンや排泄サインがよりよくわかるようになります。

赤ちゃんにおむつをつけていると、色々な意味で子育てがスムーズにいきます。特にあなたが忙しくておむつなし育児に集中できない時には、おむつはとても助かります。でもこの時期、ちょっと勇気を持って次のステップへ進むことで、新たな可能性の扉を開けることができるのです。この時期には赤ちゃんの膀胱も発達して、前よりもたくさんのオシッコをためておくことができるようになっているので、「見逃し」も減っていきます。外出しても、家からはいて行ったトレーニング・パンツを汚さずに帰宅できたりするようになります。赤ちゃんのリズムがよくわかるようになるからです。

この時期の赤ちゃんは、新しく身につけた身体能力を使って色々なことができることが嬉しくてたまりません。言葉のようなものを発し始めたりもします。おもちゃでより長い間遊んでいられるようにもなります。動けるようになるので、家中をあちこち探検し始めます。コミュニケーション能力も発達するので、排泄したい時には、ボディ・サインを出したり、言葉のようなものを使ったり、おまるへ向かってハイハイして行ったりと、色々な方法で教えてくれます。でも、この時期の赤ちゃんには、トイレやおまるで排泄することよりも、このような新しく獲得した身体能力を使って自分で遊ぶ方が楽しくなる……ということも同時に起こってきます。この状況を、「おまるイヤイヤ期」と言います。

おまるイヤイヤ期

おむつなし育児をする全ての家庭では、「赤ちゃんとのコミュニケーションがうまくいかない時」を経験します。ですから、たとえそうなったとしても、あなた自身や赤ちゃんを責めたりせず、汚れたおむつを替えてあげたり床のオシッコ・ウンチを掃除したりしながら、「そういう時もあるわよね～」くらいの気持ちで淡々と過ごしましょう。特にこの時期の赤ちゃんと「コミュニケーションがうまくいかない」のは普通のことなので、**「見逃し」をあまり気にしないことが大切**です。

でも、「赤ちゃんとのコミュニケーションがうまくいかない時」がいつまでも続く場合は、「おまるイヤイヤ期」かもしれません。「おまるイヤイヤ」はいつでも起こりうるのですが、特に8カ月以降の、赤ちゃんがよく動けるようになる時期に起こりやすいようです。全ての赤ちゃんに当てはまるわけではないのですが、もしもあなたの赤ちゃんが今そうなっていたら、これからお話しする情報はまさにあなたのためのものです！

「おまるイヤイヤ」が起こると、とてもストレスがたまります。ましてやそれが、何週間、何カ月もスムーズに「おむつなし育児」ができていた後だったりすると、誰でもとても受け入れがたく感じます（でも、赤ちゃんに関しては、どんなことも絶えず変化していくのだということを、覚えておかれるとよいと思います。排泄についてもそうです）。この月齢は、「赤ちゃんのストライキ」が起こりやすい時期なのだということを、ちょっと覚悟しておく方がいいかもしれません。この頃の赤ちゃんは周囲で起こる様々なことに興味関心を持つようになるので、いつも何かしら気が散っているのです。ですから、赤ちゃんの食事や排泄や睡眠やその他諸々のことについて、大人の側もこれまでのやり方を多少修正していかなければならないのです。

でも、「おまるイヤイヤ期」は、これまで決まった方法でやってきたことをちょっと変えてみるいいチャンスでもあります。多くの親は、おまるを置く位置を変えてみるとか、おまるじゃなくてトイレでさせてみるとか、おまるで遊ぶ用の新しいおもちゃを用意するとか、おまるに座っている間の遊び（歌や手遊びなど）を新しいものにしてみるとかいった工夫をします。あるいは、これまで赤ちゃんがおまるやトイレでスムーズに排泄することを「ごく当たり前のこと」という感じで受け止めてきたあなたの反応を、ちょっと大げさにしてみるのもよいです。赤ちゃんがおまるやトイレでできたら、すごく喜んで「よかったね！　気持ちいいね！」などと言ってあげることで、赤ちゃんは再び、トイレやおまるに興味を持つようになってくれることもあります。

「おまるイヤイヤ期」は、成長した赤ちゃんの「**排泄について、もっと自分でイニシアティブを**

とりたい！」というサインでもあります。赤ちゃんは成長して、少しずつ自我が芽生えてきます。だからこういう変化は、順調に成長している証であり、喜ばしいことなのです。排泄に限らず、全てのことに関して赤ちゃんの自然な欲求に応えるために、よりはっきりしたやり方で、あなたが赤ちゃんに協力してあげていく時期なのです。赤ちゃんの順調な成長を喜び、優しく導いてあげながら、子育ての色々な課題に少しずつチャレンジしていきましょう。

例えば、赤ちゃんは2つのおまるのうちの1つを、自分の意思で選びたいのかもしれません。あるいは、それをどこに置くかを、自分の意思で決めたいのかもしれません。おまるをいつもの場所に置いておくのではなく、赤ちゃんが遊んでいる場所へ持って行ってあげることも効果があります。この月齢の赤ちゃんは、オシッコ・ウンチが出た後で教えてくれることもあります。でも、これはすごいことなのです！　赤ちゃんは自分の体に何が起こったかわかるようになり、それをあなたに伝えることができるようになったということなのですから！　こういう時は、すぐにおむつを替えてあげましょう。

赤ちゃんの運動機能や言語機能が著しく発達する時、例えばハイハイを始めるとか、言葉を話し始めるといった成長の節目は、「おまるイヤイヤ」が起きやすい時期でもあります。歯の生え始めや病気で体調がよくない時などには、睡眠や食事のパターンが変わるのと同じで、排泄も例外ではありません。
また別のケースでは、赤ちゃんは一見「おまるイヤイヤ」行動をとっているように見えて、実際はそうではないこともあります。私の友人の娘ルビーは、生後8カ月くらいの時に、以前のようにおまるで排泄しなくなったことがあります。その代わり、オシッコをしたくなると小さなイスへとハイハイで向かって行き、そこでオシッコをするのを何度も繰り返しました。この場合、ルビーは自分の体の排泄感覚はしっかり認識していたわけで、「おまるイヤイヤ」とは少し異なります。結局、友人はこのイスを防水加工して、ルビーとの排泄コミュニケーションを続けました。ルビーの行動――オシッコをしたくなった時に自らイスへと向かって行き、そこへオシッコをする――は、多くのおむつなし赤ちゃんがよちよち歩きをするようになった頃にする「自我の表明」の1つです。

時々、「おまるイヤイヤ期」はあなたと赤ちゃんとの「力の駆け引き」になる場合もあります。おむつなし育児をする場合、親はできるだけリラックスする必要があるのですが、いつも簡単にそうできるわけではありません。とてものんびりタイプの親でも、「おむつなし育児中はイライラしたり、赤ちゃんに期待してしまうことはある」と言います。排泄に限らず、食事や睡眠など子育ての全ての面において、多くの親がイライラすることがあるのと同じです。でもあなたがイライラしたり期待したりすると、たとえ言葉にしなくとも、赤ちゃんはそれを敏感に感じ取って反応してきます。

だから、**あなた自身に厳しくしすぎないで下さいね。**子育てしていれば、色々な局面でイライラすることは普通のことですし、子どもとの「力の駆け引き」も誰でも経験するものなのです。そんな時、あなたと赤ちゃんにとって一番いいのは、無理して前へ進もうとせず、一歩後退してみることです。赤ちゃんにおまるでさせようと頑張る回数を減らしてみることです。次のチャンスまで、あるいは次の日まで、おむつなし育児を延期してみることです。自分自身に「1回か2回、オシッコをキャッチできればそれでいいわ」とか、あるいは「キャッチできなくても、オシッコをしていることに気持ちを向けてさえいればいいわ」と言い聞かせることです。そして、「おむつなし育児はオシッコをキャッチするという結果じゃなくて、コミュニケーション・プロセス」ということを思い出して、赤ちゃんの体と心の声を感じ取り、あなたが赤ちゃんに語りかける「排泄コミュニケーション」だけは継続していって下さい。

私は、おむつなし育児をする多くの人々がこういう言い方をするのが好きです。

「もしも赤ちゃんがおまるを使うのをイヤがって、オシッコ・ウンチをキャッチできないことが増えても、赤ちゃんはそう行動することで、あなたに何かを伝えようとしているのだということをわかってあげて下さい。たとえほとんどのオシッコ・ウンチをおむつの中にしてしまっていても、排泄について、あなたが赤ちゃんに話し続けていくことだけはあきらめないで下さい」

多くの場合は、「おまるイヤイヤ」はそんなに長く続きません。せいぜい、1日か2日です。でも、時には、とても長く続いてしまうこともあり、そうなると親はおむつなし育児をあきらめてしまって、もっとずっと後――2歳や3歳になってから――普通のトイレ・トレーニングをすることもあります。

もちろん、あなたがどのような選択をしようと自由です。ただ私はやっぱり、この「おまるイヤイヤ期」であっても、あきらめないで、色々な他の方法を考えながら、おむつなし育児を続けてほしいと思います。おまるはとりあえずそこに置いておいて、でも、赤ちゃんに使わせる回数は減らしてみて下さい。あなたがトイレで排泄している姿を、ちょっと大げさに演出して見せて下さい。「オシッコ・ウンチをキャッチする」という結果よりも、赤ちゃんとのコミュニケーションだけに意識を向けてみて下さい。赤ちゃんがしているのに気づいたら、「あら、オシッコしているのね」「あら、オシッコ出ちゃったのね。じゃあ、おむつを替えて気持ちよくなろうね」などと言葉をかけてあげて下さい。赤ちゃんは、悪気があって、おむつの中にしているわけではないのです。そして、今まさにしているのに気づいたら、「シーシー／ウーン」という合図をかけてあげて下さい。大切なことは、排泄コントロールに関する赤ちゃんの身体感覚を失わせないことです。生まれてから１００％おむつに頼ってきた赤ちゃんは、生後8～12カ月くらいになると、この身体感覚を失ってしまっていることが多いのです。

できる時には合図を出してあげて、赤ちゃんが望めばいつでもおまるを使えることを知らせてあげて下さい。汚れたおむつをいつまでもつけていることに慣れてしまわないよう、汚れたらとにかくできるだけ早く取り替えてあげながら、赤ちゃんとの排泄コミュニケーションをあきらめずにキープして下さい。３つの方法を変えてみること（「フルタイム」から「パートタイム」へ、あるいは「時々やる」へ）も、あなたが想像する以上に役立ちます。より楽な方法へ変えてみることで、あなたの期待値やイライラ感も減ります。頻度を下げてみることで、あなたの考え方やものの見方をリフレッシュできますし、心に余裕も生まれて、よりポジティブな気持ちで赤ちゃんに向かえるようになります。場合によっては、「フルタイム」から「時々やる」にまで思い切って頻度を減らしてみたっていいのです。実際、多くの親はそうやって色々な時期を乗り越えています。どんなレベルであっても、おむつなし育児に変わりはありません。友人のラメールも、「どんなスタイルでも、全然やらないよりはいい」と言っています。

《イヤイヤ期の対策》

★おまるからトイレへ、あるいは逆へと変えてみる
★おまるを別のものに変えてみる、あるいはおまるを置く位置を変えてみる
★おまるやトイレ以外の場所でさせてみる（バスタブ、戸外など）
★おまるタイム用の新しいおもちゃを用意する
★おまるタイム用の新しい歌や手遊びをする
★ぬいぐるみや人形を使っておまるでさせる真似をする
★他のおむつなし育児家族と一緒におまるタイムを過ごす（他の赤ちゃんがおまるでしているのを見せる）

ラウリー・バウックは、オシッコやウンチをほとんどキャッチできない日々が続いて困っている親に出会うと、その家庭で何が起こっているか色々尋ねることにしています。彼女は、「おまるイヤイヤ期が長く続いたら、おまるのことだけじゃなくて、もっと広い視野から考えてみるといいかもしれないわ」と言います。「何か、原因があるはずよ。原因になりそうなものは、たく

さんあるわ。すごくシンプルなことが原因になっている場合は、解決も簡単だし」

以下に、彼女が長年のおむつなし育児を通じて得た、「赤ちゃんとのコミュニケーションがうまくいかない場合の原因リスト」を紹介します。

★成長過程での体の大きな変化（歯が生える、ハイハイし始める、歩き始める、話し始める）
★病気や体調不良、怪我
★自我の芽生え
★自分の行動をジャマされて抵抗している
★変化を求めている（大人用トイレや、異なるおまるでしたがる、異なる場所におまるを置く、など）
★よその赤ちゃんがいる、来客がある
★引っ越し
★夫婦の不仲
★旅行

《親が語る！　おまるをイヤがる時》

1日1回でもオシッコがキャッチできれば、それでいいのよ。毎日1回であっても、長い間続ければ、たくさんのおむつを節約できることになるんだから。今日のことは忘れて、明日また、新たな気持ちでやればいいのよ。1日1度でいいから、寝起きとか、おっぱいの後とか、キャッチしやすいタイミングを狙ってね。たくさん「見逃し」が続いちゃった後は、そんなふうに気持ちを切り替えてやっていたわ。

――チャンドラ、11カ月児マベンの母

赤ちゃんが成長する過程で大きな変化が起きる時には、オシッコ・ウンチの「見逃し」が増えましたね。そんな時は、なるべくプレッシャーを感じないようにつとめました。たくさん見逃しちゃった日にはイライラしてしまうので、汚れていないパンツが最後の1枚になったら、数時間、あるいは数日間は、おむつを使うことにしていました。こういうことは、そんなに長い間は続きませんでしたが、たまにあると、がんばっておむつなし育児している自分を、ちょっとスローダウンすることになり、心に余裕ができて、かえって赤ちゃんとよくコミュニケーションできたりもしました。

――エミリー、2歳3カ月児アレクサンダーの母

赤ちゃんが8カ月くらいの頃に「おまるイヤイヤ期」を経験しました。全然キャッチできなくて、もうおむつなし育児なんてできなくなってしまったような悲しい気分になりました。でも、失敗した……と落ち込んでいても仕方ないと思い、気持ちを切り替えて、赤ちゃんのことをただひたすら観察することにしました。そしてオシッコをすると、「ああ、オシッコ出たのね！」と声をかけ、おむつを交換してあげました。こうして、オシッコをキャッチしようと無理して努力することをしばらくやめているうちに、やがてまた、赤ちゃんとコミュニケーションをとれる日々が戻り、前よりもたくさんキャッチできるようになったのです。

――ステーシー、2歳6カ月児オルランドの母

原因は他にある？

何カ月もの間スムーズにいっていたにもかかわらず、もしも突然、「オシッコ・ウンチの見逃し」

が増えてきてそれが長く続くようでしたら、「おまるイヤイヤ期」がきたと思った方がいいでしょう。でも、他の原因の可能性もあるかも……と、少しだけ疑ってみるのもよいかもしれません。

知り合いのテンビは、娘のニーナの「見逃し」が突然増えて困っていました。ニーナは小さい赤ちゃんの時から、おむつでなく普通の下着をつけ、オシッコも教えてくれて、何時間もショッピングへ行ってもおもらししないでいられました。なのに突然、家にいる時に、おもらしするようになってしまったのです。それはなんとかやり過ごしたのですが、その後数日して、少しの量のオシッコを、床にぼとぼともらすようになり、夜中にはこれまでの倍以上のオシッコをするようになってしまいました。このことを他のおむつなし育児家族に話すうち、それは普通の「おまるイヤイヤ期」とは様子がちょっと違うのでは……と思い始めたのです。その後、ニーナを医者へ連れて行くと、なんと便秘であることがわかりました。体の中にたまった便が膀胱を圧迫して、尿もれを起こしていたらしいのです。おむつなし育児をしていなかったら、ニーナがこんなに不快な思いをしていることに気づいてあげられなかったかもしれません。原因が便秘だとわかって処置したら、おもらしも消えていきました。

変化する排泄のサイン

この月齢になると、赤ちゃんは色々なやり方でオシッコ・ウンチを知らせてくれるようになります。そして、これらのサインは時と共に変化していくかもしれないということを、いつも頭の片隅で覚えておいて下さい。小さい頃にずっと使っていたサインも、月齢が上がると消えてしまうことすらあります。その代わり、他のサインで知らせてくれるようになったり、あるいは全然サインを出してくれなくなることもあります。これら全てのことは、よくある普通のことだというふうに理解していて下さい。

《親が語る！　うちの子のサイン》

ジャックのサインはいつも変化していました。手話で「トイレ」と教えた時期もあれば、私の肩に登ってきて教えた時もあり、トイレにハイハイしていって教えることもありました。でも今は、したい時には「ボブ」と言います。多くの人はトイレのことを「ジョン」と呼びますが、「ボブ」も使えますよ！

――エリザベス、2歳児リリアン、8カ月児ジャックを含む5人の子の母

うちの赤ちゃんは生後8〜9カ月の頃から、ベビー用のダイニング・チェアに座るようになりました。それで食事中、どんな食べものや飲みものを彼の前に置いても、その一部分を投げてしまうのです。このクセは長く続きました。そして生後10カ月になって「おむつなし」を開始した後、これをやる時は、オシッコがしたい合図なのだとわかったのです！　彼が食べものを投げ始める前にオシッコをキャッチするのはなかなか大変ですが、まあでも、少なくとも、どうして彼がこういうことをするのか理由がわかりました！

――カレン、7歳児マキシーン、3歳児ナーサンの母

生後8カ月の時、おまるが近くにあると、ニーナは「ウォフ、ウォフ、ウォフ」みたいな声を出してオシッコを知らせてくれました。家では時々、おまるのところまでハイハイして行って、それをつかんで、私たちの方をじっと見つめて知らせてくれました。今でもそのサインを出してくれますが、動き回れるようになったので、私たちの体に登ってきたりして知らせることもあります。

――テンビ、1歳児ニーナの母

《見逃しやすい時》

私と一緒にNPO「おむつなし赤ちゃん」を創設した友人のメリンダが、「オシッコ・ウンチを見逃しやすい時」のリストを作ってくれました。

★食事の準備中
★上の子（兄や姉）があなたの注意を引こうとしている時
★昼寝後に起きて、あなたが近くにいない場合
★チャイルド・シートの中に長時間座っていて車を停車できない時
★ベビーカーをリクライニングにして座っている時、あるいは、ベビーカーに乗せていて、デコボコの道でひどく揺れた時
★ちょっとだけおもらしした後（最初出るオシッコというのは一部分で、膀胱にはまだ残っている場合がよくあります。ちょっとだけもらした後で、すぐにおまるに座らせてあげないと、おむつを交換している最中にさらにもらされてしまう可能性があります）
★うつぶせになっている時

★他の人が赤ちゃんの世話をしている時
★歩行器に入っている時

外出にチャレンジ

赤ちゃんが主に自宅のおまるでオシッコ・ウンチをしていて、「おむつなし」で外出したことがない場合、この月齢はそれを試してみるよい時期です。この頃の赤ちゃんは、おむつの中よりもトイレでする方がずっと快適になってきます。

公共トイレでするのは、赤ちゃんが新生児の頃に比べて、想像するほど大変ではありません。体も成長して、あなたが公共トイレを見つけるまでの時間、待てるようになっています。戸外にいて、いつトイレに行けるかわからない状況の時など、公共トイレの近くをたまたま通りかかったら、赤ちゃんにとりあえずさせてみて下さい。赤ちゃんの下着を濡らさずにすむようになります。

以下の方法は、前の章でご紹介したことと似ていますが、違う点は、この月齢になると、より快適にトイレを使えるということです。以下の方法をぜひ覚えておいて下さいね。

★出かける際には、トイレの場所をあらかじめ確認しておく
★旅行中は、おまるや幼児用補助便座か、携帯おまる等を持っていく
★外出前後に排泄させる。トイレの前を通りかかったら、とりあえず排泄させる
★必要なら、おむつの中でもいいからするよう合図を出してあげる
★車の中にいつもおまるを入れておく

《親が語る！　おむつなし育児は便利？》

「便利」というのは、決して悪い言葉じゃないと思います。特に、親が、穏やかでリラックスした気持ちでいるためには、「簡単で便利」なことはとても大切です。便利という言葉についての、厳密な定義もありません。あなたにとって「便利」なら、それでいいと思います。人によっては、おむつが便利だし、他の人にとってはおむつを使わないことが便利だったりします。

私たちは赤ちゃんが生まれた時からおむつなし育児をしましたが、職場に復帰してからはおむつ

を使うようになり、全てのオシッコをキャッチしようとするのはやめました。その時は、そういうやり方が私たちの状況に合っていたのです。今でも、ほとんどのウンチと、時々のオシッコはキャッチしています。ウンチをキャッチすると後始末の時間を節約できるので便利です。トイレで流せばいいだけですから！　私たちはこうして、色々な方法でおむつなし育児を続けています。

実際のところ、最初の数カ月間は、おむつを使うよりも、おむつなし育児の方が精神的な努力を必要とします。でも、だんだん慣れてくると、おむつなし育児の方が、精神的にも肉体的にも楽になってくるのです。そして最終的に、普通の子よりも1年も2年も早く、ヨチヨチ歩きしている赤ちゃんがおまるやトイレでできるようになるのは、素晴らしいことです。

―マテオ、5歳児カーリー、3歳児ジャスミンの父

他の人に世話してもらう場合

赤ちゃんの世話を他の人にお願いしている場合、この月齢は、その人におむつなし育児をスタートしてもらうのに最適な時期です。世話をしてくれる人に赤ちゃんの排泄パターンを教えて、

1日のうち1回でも2回でもいいから、おまるやトイレでさせるようにお願いしてみて下さい。また、おむつを交換する時には、おまるやトイレに座らせてみることも、お願いしてみて下さい。

もしも世話してくれる人が嫌がった場合は、赤ちゃんが明らかな排泄のサインを出した時（おまるで遊ぶなど）に、おまるやトイレでさせてほしいとお願いしてみて下さい。それでも嫌がられた場合は、プレッシャーをかけない程度に、赤ちゃんとコミュニケーションをとって、「シーシー」などの合図を出してくれるよう励ましてあげて下さい。

この月齢では、赤ちゃんの人見知りも強くなって、赤ちゃんもあなたとのつながりをより強く求め、他の人の合図にはあまり関心を示さない可能性もあります。同時に、この時期の赤ちゃんは、周りの世界に関心を持つようになるので、新しい人と遊んだり、その人に排泄を手伝ってもらうことに興味を持つ可能性もあります。また、多くの赤ちゃんは、ある時期、片方の親を強く好んでその人に排泄を手伝ってもらいたがることもあります。これらは全て、普通によくあることです。赤ちゃんの世話をしてくれる人が、赤ちゃんのサインをオープンな心で受け止めてくれるよう、お願いしてみて下さい。

ここに、赤ちゃんと楽しくおむつなし育児をしている親の声をご紹介します。きっとあなたを元気にしてくれるでしょう！

《親が語る！　この時期の喜び》

私と赤ちゃんが得たものは、とても深いコミュニケーションです。おかげで、赤ちゃんの欲求がわからないということがあまりありませんでした。赤ちゃんが伝えようとしていることを私たちが理解する能力は、おむつなし育児のプロセスで培われ、洗練されていったと思います。

―バージット、4歳児ジョシ、2歳児ネリーの母

私たちのおむつなし育児の旅は、紙おむつを使わないことから始まりました。でもそのうち、布おむつにも満足しなくなり、最終的にはおむつそのものを使うことをやめてしまいました。そして、ユンナが生後5カ月の時、大きな変化が訪れたのです！　とてもはっきりと排泄のサインを示してくれるようになり、多くのオシッコ・ウンチをキャッチできるようになったのです！　途中、歯が生え始めた頃などには、ちょっとうまくいかない時期もありましたが、そういう時は、オシッコ・ウンチを「見逃し」ても、笑ってすませました。今、生後11カ月ですが、1日1～2回くらいの「見逃し」しかありません。日によっては、全部おまるやトイレでキャッチできる日もあります。

―ジュリア、11カ月児ユンナの母

時は飛ぶように流れていきます。赤ちゃんは間もなく、「よちよち歩き期」に入ります。そうなると、あなたの人生がまた大きく変わっていきます。おむつなし育児であなたが身につけたコミュニケーション・スキルは、「赤ちゃんが歩き始める時期（とてもエキサイティングな時期です！）」に入ると、さらに大きな恩恵をあなたにもたらしてくれるでしょう。

《親が語る！　おむつなし育児・イン・ジャパン》

長女がまだしゃべれない赤ちゃんの時、どうして泣いているのかわからなくて悩みました。しゃべれるようにならないと、おむつなんてはずせないと思っていました。ところが長男妊娠時におむつなし育児を知り、実践してみると、産まれて間もない頃でも「シーシー」と声をかけるとオシッコしてくれたんです。これには本当に感動！　長男が特別なのではなくて、赤ちゃんはみんなお母さんと気持ちを通わせ合える、サインを送ってきてくれていると感じました。

―チハル、４歳児アンリ、10カ月児シセイの母

おむつなし育児はとっても楽です。特に布おむつを使う母親の負担が減ることでしょう。なぜな

らおむつなし育児が軌道にのると、ウンチをおまるかトイレでするので布おむつの洗濯がとても楽になるからです。外出先でウンチのおむつ交換をすることもほとんどなくなります。紙おむつを使う母親の負担も減ることでしょう。オシッコはつかまり立ちの頃になると立ってするのが好きになります。その姿はとっても愛らしいのでみなさんも試してみて下さいね！

—フミコ、1歳3カ月児コウタロウの母

生後1カ月を過ぎたある日、裸のままだといつもよりお昼寝をぐっすりしてくれたことがきっかけで、おむつなし育児を始めました。おまるやトイレ、お庭ですると、じゃじゃじゃー、ぶりぶりぶりっと出ます。勢いよく、そして気持ちよいくらいたくさん出るので、見とれてしまうほどです。事後処理的なおむつの交換と違って、おまるでの排泄は赤ちゃんと一緒にやりとげる感があり、その充実感や、赤ちゃんとの一体感がたまりません。感動すら覚えます。赤ちゃんと真正面から向き合える楽しいコミュニケーションです。とにかくやってみるとかわいくて楽しいですよ。もっと抱きしめたくなります。

—ノリコ、1歳児サクタロウの母

赤ちゃんのオシッコしたい気持ちをわかってあげられるのは、親にとって喜びです。これはどちらかというと親の感性を磨く育児法なのだと思います。うちの子はアレルギーがひどくて、薄着の季節には知らない人にまで「かわいそうに、アトピーなの？」と言われて自信をなくしていましたが、そんな赤ちゃんでも、オシッコやウンチをちゃんと自分でわかると知って、赤ちゃんにも自分にも自信を取り戻すことができました。おむつの洗濯が少なくなったら、と軽い気持ちで始めたのですが、そんなところに話はとどまらず、赤ちゃんがたくさんのサインを出していることを知って驚いています。

―ユキ、4歳児タビト、1歳児ギドウの母

生後4カ月頃、泣いているのでおむつを替えようとすると濡れていませんでした。「オシッコシーシー」と声をかけるとオシッコしたのがおもしろくて、上の2人の姉と一緒に「シーシー」と声をかけるようになりました。7カ月頃おまるを用意したらすぐにできるようになりました。離乳食を始める前でも赤ちゃんのウンチは固形で出てきます。糠のようなにおいでニョロッとトイレでできた時は、びっくりして写真を撮って家族で見ました。1歳過ぎでおむつが取れ、保育園の先生は「昔はできていたことだよね」と共感してくれました。「他の子よりも大人の話をよく聞いて理解していると思うよ」とも言われました。

—トモコ、7歳児ミカン、5歳児スモモ、2歳4カ月児ユズの母

7 歩き始めた赤ちゃんとのおむつなし育児

……生後12～24ヵ月期……

小さかった赤ちゃんが、1人で立ってよちよちと歩くようになっていくのを見るのは、親としてなんともいえない幸せを感じる時です。ちっちゃな赤ちゃんだけれど、個性もはっきりしてきて、おどけて周囲を笑わせたりもしてくれるようになります。この時期の赤ちゃんは、色々なことに意欲的で、大人の真似をするのが大好きで、あなたのすることには「自分も自分も！」と参加したがります。また、自分の周囲を色々探検するのも大好きです。歩けるようになって行動範囲が広がると、ものの考え方も変化していくのです。この時期の赤ちゃんのことをよく理解してさえいれば、「赤ちゃんの『探検／遊びの欲求』を十分尊重してあげる」ことと、「おむつなし育児を続ける」ことは両立できます。経験者の親も、みなそう証言しています。

まずは3つのステップから

あなたがこの時期からスタートするとしたら、生後直後や生後数カ月頃から始めるのとは、やり方が少々異なります。生まれてからずっとこの時期まで、おむつの中で排泄してきた赤ちゃんは、生後半年以下の赤ちゃんに比べると、排泄の身体感覚が鈍くなっているのが通常です。でも、まだ小さい赤ちゃんなので、可能性はたくさんありますし、この時期には歩行と会話ができるようになってくるので、ある意味では、やりやすくもなります。だから、がっかりしないで下さいね！　この時期に始める場合、方法は6章で説明したのと基本的には同じです。あなたの赤ちゃんが持っていた**「排泄の身体感覚」を取り戻すところから始めて、3つのステップで進めていきます**。最初は「体からオシッコ・ウンチが出ることを知る」こと、それができたら「合図（シーシー／ウーンなど）でオシッコ・ウンチを出すことを知る」こと、そして最終的に「おまるやトイレでオシッコ・ウンチをする」こと、という3ステップです。

【体からオシッコ・ウンチが出ることを知る】

まずは、赤ちゃんをおむつなしで過ごさせることが必要になってきます。この本の最初に私が書いた話を覚えているでしょうか？　私の長男ベンジャミンは、生後1歳1カ月の時におまるを使い始めました。ベンジャミンにおむつなし育児を開始した最初の数日間は、多くの時間を「おむつなし」にして、排泄の身体感覚を取り戻すことに集中しました。おむつなしで過ごすには、完全におむつをはずすか、トレーニング・パンツ（布製）などをつけるといった方法があります。目的は2つあって、オシッコが出るとはどういうことなのか、赤ちゃんに経験させてあげること（オシッコが出ると、赤ちゃんはすぐに下を向いて確認します。その経験を何度も続けていくと、オシッコをしたいという感覚と、するために膀胱の筋肉をゆるめるということが連動しているのだということを理解していきます）、それから、あなたが赤ちゃんの排泄パターンを理解することです。月齢の低い赤ちゃんでも、1歳のお誕生日を迎えた赤ちゃんでも共通していることは、寝起きやおっぱい後にオシッコをしやすいということです（もちろん個人差はありますが、たいていの赤ちゃんはそういうパターンです）。また、午後よりも、午前中の方がオシッコを頻繁にします。どのようなパターンであっても、あなたがしっかりと理解してあげることが大切です。理解することで、その子を「おむつなし」にするのに最も適した時間がわかってきます。仕事を持つ親にとっては、帰宅した後で、夜に赤ちゃんと過ごす時にするのがよいでしょう。そして、「おむつなし」にする時間は、それほど長くする必要はないことも、覚えておいて下さいね。**1回15**

分か20分程度で十分です。たとえその時間内にオシッコが出なくても、「ああ、この時間にはあまり出ないのね」とか「オシッコを結構がまんできるようになってきているのね」といった重要な事実を学ぶことができるので、決して無駄にはなりません。この時期に「おむつなし」にすると、床におもらしされてしまうこともあるかもしれませんが、いずれ一般的なトイレ・トレーニングをする場合でも、同じことが起こります。床へのおもらしがどうしてもイヤな場合は、布おむつをつけるとか、布製トレーニング・パンツを使うなどしてもよいので、とにかく、あなたがあまりストレスを感じない方法でやることが大切です。

【「シーシー」の合図でオシッコ・ウンチを出すことを知る】

息子のベンジャミンは、自分の体からオシッコが出ていることに気づくと、下を見て、「わっ！」と声をあげたり、あるいは別のかわいらしいリアクションをしたものです。生まれて以来、それまでずっとおむつをしてきた彼にとって、自分の体からオシッコが出ていることがちゃんと理解できていなかったので、もうそれは、オドロキ以外の何ものでもなかったのです。そうやって彼がリアクションするたびに、私は「オシッコしてるんだね！」と優しく言って、「シーシー」という合図を出してあげました。あるいは、手話で「トイレ」というサインを教えて、より効果を高めようともしました。このようにして私は、彼の身に何が起こっているのか、3つの方法（言葉での説明、シーシーの合図、手話）で伝えてあげたのです。また、彼がしゃがみこんだり、体を緊張させたりしているのを見ると、「ウンチが出るんだね！」と言って、近くにおまるがあれば、ウンチをとるために彼におまるを差し出したこともあります。おまるの代わりに、おむつを広げたり、その他の容器を使ったりしてもいいのです。でも、「うわー！　オシッコ出てるじゃない！」みたいな、責めるような、驚かすような言い方はしないで下さいね。赤ちゃんが何をしているのか、優しく知らせてあげればよいのです。オシッコがたまるとしたくなるということ、「したい」という体のリアクションに応えること、そして「シーシー」の合図でするのだということ、これらを教えてあげればよいのです。息子のベンジャミンの様子をよく観察することで排泄間隔がわかり、だいたい何時頃おまるへ連れて行けばいいかというタイミングが、私にもつかめてきました。

【おまるやトイレでオシッコ・ウンチをする】

赤ちゃんが排泄感覚を取り戻して、あなたの合図で筋肉をゆるめてオシッコを出すことを理解するようになり、あなたも赤ちゃんがオシッコ・ウンチをしたそうな時がわかるようになってきたら、赤ちゃんにおまるやトイレを勧めてみて下さい。おまるタイムを楽しいものにするために、おまるの周りにおもちゃや本を置いておいて、おまるの時間はあなたとの楽しい触れ合いの時間なのだという「よいイメージ」を与えてあげましょう。そして、おまるに座る時はあなたの合図（シーシー）でオシッコをする、ということをあらためて確認してあげましょう。

おまるやトイレでオシッコ・ウンチを出すために、内臓の筋肉をゆるめることがすぐにはうまくできない子もいます。そんな時は忍耐強く見守って、それでも出ない場合は、おまるやトイレでさせることはとりあえずあきらめて、ステップ2に戻って、ただ、「合図でオシッコ・ウンチを出すこと」を教えることだけに集中しましょう。この時期に一番重要なことは、「体からオシッコ・ウンチが出ていること」と、「シーシー／ウーンという合図でオシッコ・ウンチを出す」ということを理解してもらうことです。おまるやトイレでさせるチャンスは、また後でやってきます。それでも、毎回じゃなくて時々でいいので、おまるを勧めてあげることは続けて下さい。そうすることで、心身の準備ができたら、いつでもおまるを使えるのだということを、赤ちゃんは忘れないでいてくれます。あるいは、おむつの中にしたウンチをトイレに流す様子を見せることも、排泄とトイレやおまるの関係を赤ちゃんに理解してもらういいチャンスとなります。

おまるやトイレをイヤがったら

おまるやトイレを使うことに激しく抵抗する子もいます。もしもあなたの赤ちゃんがそうでしたら、しばらくの間は「シーシー／ウーンの合図でオシッコ・ウンチを出すこと」を理解してもらう第2ステップにとどまって、実際におまるやトイレを使うことは少し延期しましょう。何の抵抗もなくおまるに座ってくれる赤ちゃんも、最初は全く受けつけてくれない赤ちゃんも、どちらもよくあるケースです。とにかくおまるをそのへんに置いて、機会があれば時々勧めてみましょう。気長に続けることで、そのうち使ってくれる時が来ます。

他の方法にもトライしてみましょう。例えば、違う種類のおまるを勧めてみるとか、幼児用補助便座を置いてトイレに座らせてみるとか。赤ちゃんは戸外にいる時や、お風呂などで合図をすると、結構してくれると多くの親が言います。家庭にあるプラスティックの容器の中にさせてみるという方法だってあります。

赤ちゃんがおまるをイヤがって、あなたもイライラしてきたような場合には、**赤ちゃんの気持ちになって考えてあげましょう。**もしもあなたが、今まで慣れ親しんできたやり方とは違う方法や、違う場所で突然、「オシッコ・ウンチをしなさい」と言われたらどんな気持ちになるでしょうか？　あなたもキャンプなどのアウトドア活動をした時に、似たような経験があるのではないでしょうか？　そんな時、普段と違う方法や場所でオシッコ・ウンチをするのは、精神的にちょっと大変だったのではありませんか？　これまでおむつの中だけでオシッコ・ウンチをしてきた赤ちゃんも、まさにそんな経験をしているのです。だから、あなたは忍耐強く見守って導いてあげて下さい。新しいことにゆっくり少しずつ慣れていくのは、正常で健全なことです。生まれてずっとおむつの中でしてきた赤ちゃんの中には、おむつを手放すことに強く抵抗する子も少なくありません。おむつをはずしていても、オシッコ・ウンチをしたくなると、おむつをつけてほしいと要求する子や、おむつをつけてもらえるまでオシッコ・ウンチをしない子も、よくあるケースです。「とにかくもう長い間、おむつに慣れ親しんでしまっているのだから……」と考えれば、赤ちゃんの気持ちもよくわかるでしょう。その気持ちを十分尊重してあげながら、排泄感覚を取り戻す手助けを続けていきましょう。おまるやトイレについて話をしてあげることと、折にふれておまるを勧めることを、あきらめないで続けていって下さい。そして、たとえゆっくりでも、少しずつ前へ進んでいるということを忘れないで下さいね。だって、ずっとおむつの中で排泄してきた赤ちゃんは、ほんのちょっと前までは、オシッコ・ウンチといった排泄感覚さえほとんど感じていなかったのですから！　そう思えば、「自分の体からオシッコ・ウンチが出ている」とわかるだけでも、大きな進歩です！

《親が語る！　お誕生日を過ぎて始める》

私は、コーウィンが1歳2カ月の時に始めました。最初は、朝の2時間を「おむつなし時間」にして、1日に2〜3枚の布おむつを使いました。コーウィンが、「自分の体からオシッコが出て、それで床を濡らしている」と気がつくのに、1週間くらいかかりました。オシッコを床にもらすと、私の手を引いて「現場」へ連れて行き、床を掃除してくれと頼みました。同じ頃、昼寝から目覚めた後でバスタブに連れて行き、その中で「シーシー」の合図を出してさせることもしました。トイレを使うことをイヤがったからです。そんな感じでおむつなし育児を始めて1カ月くらいには、「シーシー」の合図でオシッコをするようになり、トイレも使うようになってくれました。ウンチは、「しそうだな……」と私が思った時や、少しウンチをし始めた頃に、トイレへ連れて行ってさせました。トイレで一緒に楽しく遊んであげると、コーウィンは幸せそうに最後までウンチを出しきっていました！

―ヘレン、1歳7カ月児コーウィンの母

エイダンは、しばらく前から、トイレを使うことに興味を示すようになっていましたが、私はどうしたらいいのかわからないでいました。友人に相談しても、「早すぎるわよ」「私はごほうびを用意してやってみたわ」など答えは色々で、そしてどの答えにもピンときませんでした。ある時には、エイダンが私に向かって「トイレ」という言葉を発するのを聞いた音楽の先生に、「まだ小さい赤ちゃんに、無理やりトイレ・トレーニングさせてるんじゃないの？」と言われたこともあります。エイダンは誰に聞かれたわけでもなく、全く自発的に「トイレ」と言っただけなんですけど……。そして私は、最後に小児科医へ行き、エイダンがトイレに興味を持っていると相談したのです。でも、小児科医には「そんなことは無視していなさい。彼はまだ、小さすぎます。普通は2歳半くらいまで、トイレでなんかできないものです」と言われました。

次の日、お店で買い物をして、混み合ったレジの前に並んでいると、エイダンが私の顔を見上げてまた、「トイレ」と言ったのです。私は「ごめんね坊や、でも、おむつの中でしてくれる？」と答えたのですが、彼は「ううん、トイレ」とまた言うのです。ちょうどその時、見知らぬ女性が私の肩をポンポンとたたいて、「お子さんは何歳？」と尋ねました。私は「ああ、また『まだ小さいのに無理やりトレーニングしてる』とか言われるのね。もう、うるさいわね……」と心の中で思いながら、「1歳半よ！」とぶっきらぼうに答えて、すぐその女性に背中を向けました。するとその女性は、「すごいじゃない！　彼の自然な欲求をちゃんと聞いてあげて、あなた、いい子育てしてるわね。私の息子も、そのくらいの年齢からトイレでしていたわ」と言うのです！　彼女の名前はメリンダ、NPO「おむつなし赤ちゃん」の創設者の1人だったのです！

この偶然の出会いによって、私はおむつなし育児について知り、サポート・グループも知りました。やっと、エイダンを手助けできる道が見つかったのです！　おむつなし育児のやり方、考え方の全ては、私とエイダンにとって、大変しっくりくるものでした。それは、「一般的なトイレ・トレーニング」なしに、エイダンがトイレを使えるようになることをサポートする方法でした。

私たちはまず「パートタイム」から始めました。朝の、時間の余裕があって、エイダンとコロコロ遊んでいて、床を汚されてもいいや、というリラックスした気分でいる時には、おむつをはずして普通の下着をつけさせました。だんだん、下着を汚さないでいることが多くなり、やがて家の中でも外でも、一日中パンツでいても大丈夫になりました。

―マリー、2歳5カ月児エイダンの母

ベッツィーは保育園の赤ちゃんクラス（1歳3カ月〜2歳児）に入りました。多くの赤ちゃんたちはこれくらいの年齢になると、トイレでオシッコができるようになり始めることに保育園の先生たちは気がついていました。だから、ベッツィーをおまるでさせることにも、とても協力的でした。ベッツィーよりも2週間ほど小さい息子がいる1人の先生は、最近になって、「うちの子にも、もっと早くからおまるでさせていればよかったわ……」と話していました。

――エミリー、2歳児ベッツィーの母

他の人も世話のしやすい時期です

この時期の赤ちゃんは、他の人にしてもらうこともそんなに大変ではなくなります。心身が成長して色々な方法で自分の欲求を伝えることができるようになっているし、もっと月齢の低かった頃に比べると、あなたのパートナーや、他の家族や、赤ちゃんの世話をしてくれる人や、あるいは保育園等の「おむつなし育児への抵抗」も、ずっと少なくなっていると思います。

赤ちゃんに任せて（親は手助け）

1歳児のおむつなし育児は、月齢の低い赤ちゃんとは大きく異なります。1歳になると、独立心や自我が芽生えてくるので、より主体的に参加してくれるようになるからです。私の息子たちも、トイレットペーパーでお尻を拭いて、それをトイレに捨てて、水を流して、手を洗って……という、排泄に関する一連の事柄を、とても楽しそうにやってくれたものです。息子たちはこれらのことを主体的に行ない、そして何より、「大人と同じことができる」ことを、とても誇りに思っていたのです。健全な成長過程で経験すべき、とても大切なことだと思います。

「真似するのが大好き」という、赤ちゃんが持って生まれた特性をうまく利用して、**あなたがトイレで排泄している様子を見せることも効果的**です。トイレにいる間、あなたのしている行動の一つ一つを、赤ちゃんに話して説明してあげましょう。他の家族にも、同じことをしてくれるように頼んでみましょう。もしも上の子がいてすでにトイレを使っている場合は、その子にもぜひ参加してもらいましょう。お兄ちゃんお姉ちゃんは、とても自慢げに、自分がトイレを使っている様子を弟や妹に見せてくれることでしょう。

1歳児にもなると、色々なことをはっきりと伝えることができるようになります。息子のベンジャミンが1歳の時には、手話で「トイレ」と示すことに加え、彼独自の「シーシー」という音も出せるようになっていました。そうやって、まだ言葉を獲得していない頃から、トイレに行きたいことを伝えることができたのです。だから、ぜひ、お子さんに、「トイレへ行きたい」という意思を伝える色々な方法を教えてあげて、また、お子さんが独自に出すサインにも気がついてあげて下さい。最もよい方法は、あなたとお子さんとの間で、できるだけ積極的な「排泄コミュニケーション」を続けていくことです。これについては、時と場所に配慮しさえすれば、どんなにやっても、「やりすぎ」ということはありません。

手話での「トイレ」サインも、ぜひ続けて下さい。赤ちゃんが理解して使えるようになるまでには少し時間がかかるかもしれませんが、いったんできるようになると、赤ちゃんもあなたもとても楽です。他の家族にも教えてあげましょう。知り合いのサラの赤ちゃんは「トイレ」を手話で示すことができたのですが、まだとても小さかったので、多くの人は「赤ちゃんが手を振って『バイバイ』している」のだと勘違いしたそうです！

この時期赤ちゃんたちは、自分で「シーシー」と合図しながら、ぬいぐるみや人形などに、おまるでさせる遊びをすることがあります。これは、たとえ赤ちゃん自身がまだトイレやおまるで排泄できなくても、少なくとも排泄のことを正しく理解していることを示す嬉しい兆候と言えます。赤ちゃんの遊びを観察していると、赤ちゃんがどこまで理解しているかがよくわかります。だから床の上で、赤ちゃんと一緒にぬいぐるみや人形で遊んでみましょう。ぬいぐるみや人形に合図を出したりして、おまるタイムを楽しく過ごすよう心がけましょう。

ほめ方には気をつけて下さい

ところで、ここで1つ、覚えておいてほしい大切なことがあります。それは、赤ちゃんのおまる経験の主役はあくまで赤ちゃんであって、あなたや他の大人ではないということです。この本の中で、「赤ちゃんがトイレでできたら認めてあげましょう」と言ってきました。それは、赤ちゃんの体の排泄感覚を維持してトイレで排泄することを教えてあげるために大切なことです。

あなたは自分の赤ちゃんがトイレやおまるでできるようになったことを、とても嬉しく感じていることと思います。それ自体はとても素晴らしいことです！　あなたの愛情と熱意で、赤ちゃんがおまるでできるようになったのですから。でも、ここでちょっと考えていただきたいのですが、私はこの本の中で「いい子ね！　よくできたね！　とほめてあげましょう」とか、「ごほうびをあげましょう」などとは、一度も言ってきませんでした。おむつなし育児をする多くの親は、おまるやトイレでできるようになることは、赤ちゃんが、赤ちゃん自身のために達成したことであると理解してほしいから、ほめたり、ごほうびをあげたりすることをしません。赤ちゃんがトイレですることを、「ごほうびや親を喜ばせるためにする」ということにしたくないためです。赤ちゃんが食べたり眠ったりすることに対して、私たち親は特にごほうびを与えたりしないのと同様に、トイレで排泄することも、一生行なう「当たり前のこと」であって、ごほうびの対象ではないのです。

私は別に、「『トイレでしてくれて嬉しい!』という気持ちは押し殺しましょう」と言っているわけではありません。あなたの赤ちゃんができたことを、「トイレでできて気持ちいいね」とか「トイレでできるようになってよかったね」などの言葉で認めてあげることで、赤ちゃんの排泄に関することは全て、赤ちゃん自身の幸せのためにやっていることだと、十分理解させることができるのです。同じ理由で、オシッコ・ウンチを「見逃した」場合も、あなたは感情的にならずに「よくあること」ととらえて、サポートしてあげることが大切です。

おむつなし育児を批判する人々は、親が赤ちゃんをほめるのをやめると、トイレで排泄することをやめて赤ちゃん返りするのでは……と言います。でもおむつなし育児は、最初から、赤ちゃんが、他の誰でもない自分自身のためにやるということを強調します。だからあなたの赤ちゃんに対する言葉がけも、ポジティブに認めてあげる程度にとどめ、**ごほうびを与えたりすることは避けましょう。**

《親が語る！　ポジティブに声をかける》

排泄の欲求は、体の自然な反応なので、ネシャーマがオシッコをしたくなってトイレで排泄できたとしても、それはほめたりごほうびをあげたりするような特別なことじゃないと思います。でも同時に、トイレですることについて、できるだけポジティブな雰囲気を作ってあげたいとは思います。だから、私は、人間が排泄する時に感じる「気持ちいい感覚」を大切にするようにしています。ネシャーマがトイレでオシッコすると、「オシッコしているのね、オシッコ出ると、気持ちいいよね！」と、ポジティブな言葉がけをするようにしています。ちょっとしたことですが、でも、言葉の影響は大きいと思います。

——ラメール、1歳児ネシャーマの母

《トラブル・シューティング Q&A》

Q　おむつなしにすることには、どうしても抵抗があるんです。それって、どうしても必要ですか？

A　いいえ、どうしても必要なわけではありません。「おむつなし」にしてみると、赤ちゃんが排泄についてより意識するようになったり、親も赤ちゃんの様子により注意を払うようになるという利点は確かにあります。でも、あなたが大きなストレスを感じるのであれば、無理にする必要はありません。リラックスした忍耐強い態度が、おむつなし育児にはとても大切なので、あなたが無理せずできる範囲にとどめましょう。もしもあなたが少しだけ「おむつなし」をしてみようかなと思っているのでしたら、私の友人のマリーのやり方を試してみてはいかがでしょう？　マリーは「おむつなし」を、キッチンなどの床におもらしされても簡単に掃除ができる場所に限定してやっていました。マリーの息子がそれ以外の場所へ行ってしまう時には、おむつをつけていました。

《1歳児のオシッコ・ウンチのサイン》

★「トイレ」「オシッコ」と言う
★足元を見つめる
★股の間をギュッとつかむ
★トイレへ向かって走って行く
★動きを止める
★何らかのサインを送る（その子によって異なります）
★おまるやトイレに乗ったり遊んだりする
★パンツを下げる
★うなる
★メソメソしたり甘えてきたりする
★抱っこしてとせがむ

小さい赤ちゃんよりも楽なこと

1歳児のおむつなし育児は、月齢の低い赤ちゃんよりも簡単な面もあります。動きまわるようになってちょっと苦労がある反面、自分で歩いて行ってトイレやおまるを使ってくれるのですから！　1歳くらいの子がオシッコしたくてトイレへ駆け込むことはよくあることです。この頃になると、男の子は立ってもできるようになるので、とても便利です。私の息子たちも、遊びに夢中になっていてギリギリまでオシッコをがまんするような時は、そのへんにある適当なカップなどをさっと差し出して、オシッコさせていました。あるいは、慣れないトイレ（友人の家や公共トイレなど）でするのを子どもが少しイヤがった時なども、同じやり方で切り抜けていました。女の子の場合でも、容器やおまるさえあれば、どこでもすることができます。こういうやり方に慣れておくと、病院で検尿のために紙コップの中にオシッコしなければいけない時にもスムーズにできていいですよ！

1歳といえば、ある程度体も大きくなっている時期ですので、膀胱も大きくなって、オシッコとオシッコの間があくようになっているはずです。括約筋による排尿コントロールの発達は、この時期めざましいものがあります。私の息子がおまるを使い始めて2週間後、高速道路を車で飛ばしていた時、突然息子が「オシッコ」のサインを出してきました。もちろん、万が一に備えておむつをはかせていましたが、その中へはオシッコをしたくない様子でした。でも、車をすぐに止める場所もなく、私は困ってしまいました。結局、息子が「オシッコ」と教えてくれてから家に着くまで20分くらいかかってしまったのですが、なんと息子はその間、がまんしてくれたのです！　家に着いてから、トイレで幸せにオシッコしたのでした。

あなたの赤ちゃんがまだおむつを使っていて、でも、だんだん「見逃し」する回数が減っているのでしたら、思い切って布製のトレーニング・パンツを使ってみてはいかがでしょうか？　紙製のトレーニング・パンツもいいですが、高価ですからね……。最初はちょっとだけ大変かもしれませんが、着替えを十分用意しておいて、様子を見ながら試してみませんか？

エイダンは、家では普通の下着で過ごしていましたが、出かける時にはおむつをつけていました。ある日、私が急いでスーパーへ行く用事があり、エイダンの下着を脱がせておむつに替えようとした時のこと、エイダンはおむつをどうしてもイヤがったのです。私は深いため息をついて途方にくれてしまいました。エイダンがいつも下着をつけていたいという気持ちを尊重して、いつかは、出かける時にもおむつじゃなくて下着で出かけよう、とは思っていたのですが、でも、何も、急いで

スーパーへ行かなきゃいけない今日じゃなくてもいいのに……と思いました。仕方なく、私は万一の事態に備えてバッグに着替えの服と、下着と、ビニール袋を入れ、スーパーへ連れて行きました。するとエイダンは、その日結局、下着を濡らすことなく帰宅し、次に外出したときも同様に濡らすことなく帰宅したのです！　でも、その数日後、たくさんの用事を片づけるためにあちこち移動する日があって、エイダンには仕方なくおむつをつけさせていた日がありました。最初の目的地でエイダンを抱っこしたとき、生温かいものを感じました。なんと、つけていた紙おむつからもれていたのです！　なんという皮肉！　普通の下着で出かけた時は濡らさずにいたのに、おむつをつけていて濡らされるなんて！……この時は、もう笑うしかありませんでした。それ以来、外出する時にもリラックスして下着をつけてあげることにしました。

―マリー、2歳5カ月児エイダンの母

《1歳児と公共トイレ》

1歳になった赤ちゃんに、どうやって公共トイレを使わせるか、多分一度は考えてみたことがあるのではないでしょうか？　この時期の赤ちゃんの体はそれなりに重いから、月齢が低かった頃のように抱きかかえてさせるのもちょっと大変だし、かといって、見知らぬ場所のトイレはイヤがるかもしれないし……と心配する人もいるでしょう。ここでは、そんなあなたにできそうなことをご紹介します。

★公共トイレに、赤ちゃんを頻繁に連れて行って、雰囲気に少しずつ慣れさせる
★ポティ・ボウルや他の容器を持ち歩き、公共トイレでそれを使う
★男の子の場合、トイレで立ってすることを教える。もしも身長が足りなければ、ちょっと抱きかかえて上に持ち上げて支えてあげる。あるいは、適当な容器の中に、立ったままさせる
★幼児用補助便座や携帯おまるを持ち歩く
★便座除菌用ウエットティッシュなどを持ち歩いて、公共トイレの便座をきれいに拭いてからさせる

旅行する時

1歳くらいの赤ちゃんと旅行している時は、家にいる時よりも「おむつなし」がやりやすい人

と、逆にやりにくいと感じる人がいます。多くの親にとって、旅行している時間は、日常の忙しさから離れて赤ちゃんに集中できるよいチャンスですが、一方で、飛行機や、時差や新しいトイレなど、環境の変化がもたらすストレスも多くあります。そんな時は、赤ちゃんお気に入りのおまるを持って行くのも1つの手です。それから、時差や生活リズムの変化は、赤ちゃんの排泄パターンにも影響を及ぼすものだということを、十分理解しておいて下さい。新しい時間やリズムに慣れるまでの不安定な時期には、それまでしなかったおもらしなどもあるかもしれません。これはみんな普通にあることなので、こうしたことも想定して旅の準備をして下さい。

1歳児の夜の過ごし方

赤ちゃんによっては、この時期、おむつを濡らさない時間が延びてくるお子さんもいます。一晩中濡らさないとか、1回くらいしか濡らさないことも、珍しくありません。一方で、夜中に大量のオシッコをしたり、あるいはオシッコしたくて目を覚ますお子さんもいます。前の章でも言いましたが、夜間の「おむつなし」をどうするかは、あなたの自由です。家庭によっては、大人がしっかり睡眠をとることを優先して、赤ちゃんにおむつをつけるケースもあれば、夜間でも赤ちゃんに普通の下着やトレーニング・パンツをつけて、オシッコをしたがったらトイレに連れて行ってさせるというケースもあります。大人がベッドに入る時間くらいに、子どもを起こしてトイレでオシッコさせると、朝までしないというケースもあります。赤ちゃんによっては、眠ったままの状態で、トイレやおまるでオシッコができることもあります。私の息子の1人もそうでした。でも、トイレに連れて行こうとすると、完全に目を覚ましてしまう子もいます。私のもう1人の息子がそうでした。いずれにせよ、2人の息子とも、夜起こしてトイレに連れて行かなければならない期間は比較的短かったです。間もなくして、起こさなくても朝までもらさなくなりました。ただ、2人とも、2歳の一時期、夜のオシッコが続いたことがあります。もしもあなたのお子さんが、月齢の低い頃から夜間もおもらししないでいたのに、1歳を過ぎておもらしするようになっても、一時の変化というものはよくあることですから、気にしなくて大丈夫だと思います。赤ちゃんがもう少し大きくなって長時間オシッコしないでいられるようになるまではおむつを使うケース、夜間に1~2回トイレに連れて行ってさせるケース、下着やトレーニング・パンツをはかせておいて、濡れたら替えてあげるのを繰り返すケースなど、色々なやり方があります。あなたにとって、一番しっくりくる方法でいいのですが、「この方法!」と決めてしまわないで、状況に応じて、他の方法にもトライしてみてもいいかもしれません。とにかく、赤ちゃんの状況はどんどん変化していきますから。

ここで、1歳児におむつなし育児をした親の声を紹介して、この章を終わりたいと思います。

私は昼間働いているので、ベビーシッターに息子の世話をしてもらっています。彼女はおむつなし育児に協力的で、今18歳になっている彼女自身の娘にも、生後6カ月からしていました。息子には夜間や昼寝や外出の時には紙おむつをして、それ以外の時間は布製トレーニング・パンツをはかせています。でも外出時に紙おむつをつけている時でも、トイレがあればそこでさせるようにしています。先日も、ニューヨークのメトロポリタン美術館の公共トイレでオシッコをしました。おむつなし育児を通じて、息子と静かに触れ合う時間を持つことができます。1歳を過ぎると、息子も走りまわるようになってきて、私の腕の中に抱っこしている時間はとても短くなりました。だからこそ、おまるやトイレに座って、息子と「いないいないバー」をしたり、本を読んだり、トイレットペーパーの芯で遊んだり、鏡を見たりして、「トイレタイム」を過ごすことに幸せを感じます。トイレでした後、息子は「バイバーイ」と言って、水を流すのを楽しみにしています。

—ジュリー、1歳2カ月児ベンの母

8 最後のハードルとおむつからの卒業

もうすぐです！ あなたと赤ちゃんは、もうおむつなし育児のプロになっていて、パンツを濡らすことも、「見逃し」もほとんどなく、完全におむつがはずれる時も、もうすぐそこまでやってきています！ この章では、おむつなし育児の旅が終わりに近づいた時に出合う「最後のハードル」に注目していきます。家庭によっては「スムーズなおむつからの卒業」を迎えようとしているケースもあれば、「おまるイヤイヤ期」などに遭遇して、戸惑っているケースもあることと思います。

でも、心配しないで下さい！ 1歳児の「おまるイヤイヤ期」は、卒業前の最後のステップであることが多いのです。そして、全ての1歳児がそれを経験するわけでもありません。「卒業」までには、その子によって様々な進み方があります。あなたと赤ちゃんも、個性的でユニークな「卒業までの道のり」を歩んでいくでしょう。

1歳児以降のおまるイヤイヤ期

7章でも書きましたが、1歳児期にも、色々なレベルの「おまるイヤイヤ期」があります。おむつなし育児中の家庭が、みんな「おまるイヤイヤ期」に遭遇するわけではありませんが、ただ、「おまるイヤイヤ期」に象徴されるような、赤ちゃんとのコミュニケーションがうまくいかない日は、どの家庭にも必ずあります。ここでは、「おまるイヤイヤ期」がとても長引いた場合の対処法についてお話ししていきます。病気や、歯が生える時や、旅行や来客時などの「いつもと違う状況」では、睡眠や食事といった赤ちゃんの生活リズムが狂ってしまうものです。また、健全な成長過程においては、赤ちゃんが遊びに夢中になっていると、食事やトイレなどで中断させられることを、とにかくイヤがることもあります。

そんな場合には、すでにお話ししたように、**赤ちゃんがトイレに興味を持つように、いつもと違うことをしてみる**のはよいアイデアです。違うおまるを使ってみる、おまるをやめてトイレを使う、その逆をしてみるとか。おまるの定位置を変えてみたり、おまるを赤ちゃんに選ばせてみたり、おまるタイムに使うおもちゃや本を変えてみたり、おまるに座らせる前にコップで少し水を飲ませてリラックスさせる……などといった方法は多くの家庭が実際に試したもので、「おまています。赤ちゃんはみんなそれぞれ違う個性を持っているので、あなたの赤ちゃんにどの方法が使えるか、色々試してみて下さい。

「おまるイヤイヤ期」になってしまうと、親もとてもイライラしてくるものです。月齢の低い頃からおむつなし育児をしている場合は、イヤイヤ期が長引いてくると、「小さいうちからおむつなし育児をしたせいで、今、おまるイヤイヤ期になっているのでは……」と心配になったりもするでしょう。**そんな時に大切なのは、とにかくリラックスすること**です。そして、赤ちゃんの行動の変化はオシッコ・ウンチだけではなくて、睡眠や食事やその他諸々のことでも、いつでも起こるものだということを思い出して下さい。2〜3歳になって一般的なトイレ・トレーニングをする場合でも、途中でうまくいかなくなるのは、普通にあることです。「おまるイヤイヤ期」がきたら、赤ちゃんが正常に発達していて、自我が芽生えてきた証拠だと、ポジティブにとらえて下さい。また赤ちゃんは、いつ、どのトイレやおまるを使うか、自分で決定したがることもあります。赤ちゃんはそうして、獲得した全ての能力をフルに試したいのです。

「おまるイヤイヤ期」に私が試した方法で効き目があったのは、今までやってきたことを、ほとんどストップすることです。赤ちゃんにおまるを勧めるのは確実にオシッコしてくれそうな時間だけ、1日1回程度にして、あとはとにかく自然の流れに任せることにしました。自分の考えを少し変えてみて、自分に「まあ、いっか」と言い聞かせることで、私の中のイライラ感を減らすことができました。赤ちゃんはおまるを使うことはできるけれど、「今は使わない」という選択をしているだけなんだ、と考えるようにしたのです。すると、赤ちゃんの側に「……この状況を自分でなんとかしたい……」みたいな気持ちが起こったのか、問題もそのうち解決しました。

以上は、私の場合にうまくいった方法です。あなたの赤ちゃんには別の方法がうまくいくかもしれません。もしも、問題に出合ったら、あなたの中にある知恵を総動員して、色々試してみて下さい。私が出会った多くの親は、「おまるイヤイヤ期」に遭遇した時は、とてもクリエイティブな方法を試していました。おまるの位置を変えたり、あるいは、おまるやトイレのことは一時忘れて、濡れたおむつについて赤ちゃんに話をするだけにしたという人もいます。赤ちゃんによっては、ある時期、トイレやおまるではなくて、戸外やバスタブ、床に広げたおむつや、そのへんにある容器でしたがることもあります。

赤ちゃんが生後1歳4カ月以上だったら、おまるを勧めるのをやめて、いきなり「オシッコ・ウンチしたくなったらトイレへ行きなさい」と言ってあげる方法もあります。ある親から聞いたのですが、子どもを抱っこしてトイレに連れて行くのをやめて、子ども自身に歩いてトイレに行かせるようにしたところ、「おまるイヤイヤ期」の問題が解決したそうです！　私たちから見ると、ささいなことや単純に見えることでも、子どもから見ると大きな意味を持っていることがよくあるのですね。

ここで、「小さなきっかけが大きな変化を生み出した」例をご紹介しましょう。友人のラメールは、ずっと使ってきたポティ・ボウル（おむつなし育児用の小さなおまる）をしまいました。娘のネシャーマが大きくなって普通のおまるを使うようになり、ポティ・ボウルはほとんど使っていなかったからです。ある時、ネシャーマが風邪でお腹をこわして排泄のリズムが狂い、オシッコ・ウンチの「見逃し」が増えました。するとネシャーマは突然、ポティ・ボウルを使いたがるようになったのです。さらに、オシッコ・ウンチのサインとして、ポティ・ボウルを手に持って振るようにもなりました。母親のラメールは、娘がこうした行動をするようになった理由を2つ思いつきました。1つは病気で心身が弱っていたので、ポティ・ボウルでお母さんに抱っこしてもらってオシッコ・ウンチをしたかったこと、もう1つは、ポティ・ボウルは軽くて自分でも持てるので、排泄のサインを派手に知らせることができたことです。ポティ・ボウルのおかげで、ネシャーマのオシッコ・ウンチ「見逃し期」は長引かずに済んだのでした。

《親が語る！　1歳児のおまるイヤイヤ期》

私が先まわりして「トイレに行こうか？」と誘うと、マーガレットはイヤがって行きませんでした。本当に出そうな時でも、自分から思ったのでなければ、絶対に行かないのです！　だから私から誘うのはやめて、彼女の気持ちを尊重することにしました。そうして数週間が過ぎ、ほとんど自分でトイレへ行ってできるようになりました。

―アマンダ、3歳児マーガレットの母

最初の2週間、娘の「おむつなし」はとてもうまくいっていました。でもその後、突然、おまるやトイレに行くのを拒むようになってしまったのです。私が色々な方法を試してもだめで……。「どうして、排泄のサインも私に協力してくれることもやめちゃったの？」と私は悩みました。考えるうちに、だんだんわかってきたのです。私は娘の欲求を十分尊重せず、自分の期待を押しつけていたのです。私はとにかく、「成功」にこだわっていたのでした。そんな自分の気持ちに気がつくと、なんだかリラックスすることができて、ポジティブに娘の気持ちを尊重して、信じて、コミュニケーションできるようになっていきました。そして数週間が過ぎると、だんだんまた、前のようにできるようになっていったのです。

―エレン、6歳児シエロ、2歳児アリアの母

子どもが生後8カ月から14カ月の間、「おまるイヤイヤ期」でした。でも、子どもが手話で「トイレ」を示すことに興味を持ち始めて、自分がおまるにしたオシッコをトイレに運んで捨てることを楽しみ始めた頃から、「イヤイヤ」は減っていきました。今は、いつも手話で「トイレ」と教えてくれますし、遊びに夢中な時は適当なカップを差し出すとその中にオシッコをして、それからトイレに捨てに行きます。ウンチが出る時は、いつも教えてくれます。教えてくれると、なんだか宝くじにでも当たったような嬉しい気持ちになります!

―カレン、1歳4カ月児ザーネの母

ジャスミンは生後9カ月の頃、おまるですることを完全に拒否するようになりました。そのため再びおむつに戻り、結局その後、1歳8カ月までの11カ月間、おむつを使いました。でも、生後9カ月までの間「おむつなし」ができたことは、決して無駄ではありませんでした。おかげで、9カ月間は本当に楽でした。その間は少しのおむつだけを使って、ジャスミンの排泄コントロールの身

体感覚をキープすることができました。そして1歳8カ月になると、突然、ジャスミンは「もうおむつは使わない！」と宣言したのです！　トイレ・トレーニングも何もしないで、すぐに完璧にトイレでできるようになったのです。「おむつなし」はやっぱり素晴らしい経験だったと思います。生後9カ月までの「おむつなし」の時間は、汚れたおむつを交換して赤ちゃんの体をきれいにする時間やエネルギーを節約できたと思います。あるいはおむつかぶれを防げただけでも親のストレスは軽くなり、医者に連れて行く手間もかかりませんでした。また、ジャスミンが自分からトイレへ行くようになってくれて、早くおむつから卒業できたことも、大きな収穫でした。一般的なトイレ・トレーニングにつきものの、イライラを経験することもありませんでした。

—ブリジット、5歳児カーリー、3歳児ジャスミンの母

病気になったからといって、必ずしもおむつなし育児をストップしなければならないわけではありません。赤ちゃんが下痢をしている時などは、どうするのだろうと悩まれると思いますが、中程度の下痢でしたら、問題なく全てのウンチをキャッチできた親をたくさん知っています。私の息子ベンジャミンの場合もそうでした。彼は「おむつなし」を始めてすぐに下痢になったので

す。下痢の時、子どもは、「今にも出そう」という感覚をいつもより強く頻繁に感じますから、「おむつなし」の練習にはよい機会となります。下痢だからこそ、頻繁に出るウンチを、おむつの中でなく、おまるやトイレでさせてあげることで、おむつかぶれなども防ぐことができるのです。

《1歳児の「おまるイヤイヤ期」の対策》

★別のおまるに変えるか、戸外でさせてみる
★おまるをやめて、幼児用補助便座を置いてトイレでさせる、あるいはその逆を試してみる
★新しいおまるを選ばせてあげる
★おまるの定位置を変えてみる、別のトイレでさせてみる
★赤ちゃんがおまるに座っている間の、あなたの行動を変えてみる
★「おむつなし」をいったん停止し、おまるを勧める回数も減らし、赤ちゃんの主体性に任せる
★あなたがトイレで排泄している様子を見せて説明する
★人形やぬいぐるみに「シーシー」の合図をする遊びをしてみる
★上の子や、友人や、他の赤ちゃんがおまるやトイレを使う様子を見せる（他の赤ちゃんの様子を見せるの

は、特に効果があります！）

疲れてしまった時は

赤ちゃんと「おむつなし」をするのはとても楽しいことですが、順調に続けていこうとすると、色々な障害に出合うものです。あなたのやる気がなくなってしまって、誰かに励ましてほしくなる時もあるでしょう。そんな気持ちを経験した親はたくさんいます。**仲間を見つけて、あなたの気持ちをシェアしてみましょう**。ここに、そんな時の親の声を紹介します。

ある時、オシッコ・ウンチを何度も見逃して、「あーもう、私にはおむつなし育児なんかできないんだわ……」と思ったことがあります。でもある日、公園で息子と友人の子（一般的なトイレ・トレーニングを始めたばかりの子）を遊ばせていた時のこと、オルランドが「オシッコ」と教えてくれたので、トイレへ連れて行きました。その後で、友人の子もトイレへ連れて行こうとした時、彼女のおむつの中がウンチで一杯になっているのを見てショックを受けました。オルランドが「おむつの中に一杯のウンチ」なんていう状況は、そういえば、もう長い間経験したことがなかったから……。友人の子のお尻をきれいにしてあげながら、彼女にウンチについての話をしてあげました。その時トイレには、1歳くらいの子を連れた別の母親がいて、うんざりという感じでぶつぶつつぶやきながら、おむつを替えていました。

この時私は、ずっとおむつの中でさせ続けることの現実に気づいたのです！ おむつなし育児はとても大変だと多くの人が言いますが、何年もの間おむつを替え続けるのも大変な作業であり、同時に、いつもウンチやオシッコに触らないといけない作業なのです……。

—ステーシー、2歳6カ月児オルランドの母

私の子どもにも「おまるイヤイヤ期」がありました。エイダンは突然、「おむつを使いたい！」と宣言したのです。だからおむつをつけて、ほんの時々、おまるへ誘っていました。毎日、朝がくると、何も期待しないで新鮮な気持ちで、「下着にする？ おむつにする？」と尋ね、彼が選んだ方を使わせていました。そんな感じで「おまるイヤイヤ期」を過ごしました。最終的には、また、下着ばかりを選ぶようになりました。排泄のコミュニケーションがうまくいかない日は、「私たちは昨日とは違う人間なのだから、今日はそういう日なのだ。また成長すれば、コミュニケーション

できるようになるからいいや……」と考えるようにしていました。

――マリー、2歳5カ月児エイダンの母

おむつからの「卒業」

「トイレ・トレーニングが終了した子ども」とは、どういう状態をいうのでしょうか？　一般的なトイレ・トレーニングでは、「トイレへ行き、服を脱ぎ、オシッコ・ウンチをして、再び服を着る」という全てのプロセスを、子どもが1人でできるようになることだと定義しています。一方、おむつなし育児を実践した人々は、子どもが1人で服を脱ぎ着できなくても、トイレに1人で座って排泄できるようになっていなくても、「オシッコ・ウンチの見逃し」が全くなくなれば、「トイレ・トレーニングが終了した」と定義します。ですから一般的なトイレ・トレーニングの「終了条件」を満たすまでには、さらに数カ月～数年の間、待つ必要がある場合もあります。

このように一般的なおむつなし育児の「卒業」は、子どもがほとんどトイレやおまるでしていて「見逃し」もほとんどない状態を指します。「卒業」してからも、親がおまるを勧めたり、トイレへついて行ったりすることもあります。実際、私にとって息子たちとのトイレでの長い「お話タイム」は、忙しい毎日の中で、ホッと一息つける楽しい休憩タイムとなっていました。友人のラウラは、おむつなし育児の「卒業」を、食事にたとえます。赤ちゃんが完全に離乳して固形物を食べられるようになっても、食べやすい大きさに小さく切ってあげることはまだ必要です。それと同じように、おむつなし育児を「卒業」した子どもたちにも、引き続きサポートの必要があるのは、とても自然なことなのです。

おむつなし育児をしている家庭では「卒業」の時期は結構早くやってきます。私の最初の子の時もそうでした。ベンジャミンはフルタイムでおむつを使っていたのですが、集中的な「おむつなし」の時間と、合図とコミュニケーションを始めてから、2～3週間でおむつが完全にはずれました。次男ダニエルの場合は、「卒業」の時はもう少しゆっくりやってきました。ウンチについては生後1歳～1歳5カ月の間にはもう「見逃す」ことはなくなっていましたが、その頃にはまだ、1日に1～2度は、トレーニング・パンツやおむつを濡らしていました。卒業前の2～3週間は、おむつを数日に1回くらい濡らしていました。このように、とてもゆっくりと「卒業」の時がきたので、それがいつだったか、正確には覚えていないくらいです。でも2人とも、一度「卒業」したら、再びおむつに戻ることは一切ありませんでした。

このように、**「卒業」までのプロセスは、その子によって様々**だということをよく覚えておいて下さい。そして、私がこの本の中でずっとお伝えしている大切なこと、**「トイレ・トレーニングを早く終わらせるためにおむつなし育児をやるのではない」**ということも、よく覚えておいて下さい。おむつなし育児によって、おむつから早く卒業できることは事実ですし、おむつなし育児がもたらす素敵なプレゼントなのですが、それは重要なポイントではなく、ゴールでもないのです。もしもおむつなし育児をする親が、ある年齢までにおむつをはずそうとして、赤ちゃんにプレッシャーをかけているとしたら、私はどうしていいかわからないくらい悲しい気持ちになります。

「卒業」はすべての子どもによって違います。とても小さい時から、おむつがいらない子もいます。あるいは、長い「おまるイヤイヤ期」の後で、突然「卒業」する子もいれば、一般的なトイレ・トレーニングをした子とあまり変わらない年齢になって「卒業」する子もいます。「卒業」は、下着かトレーニング・パンツをしばらく使わせて、子どもがトイレへ行くのをある程度コントロールできるようになるか、あなたが誘わなくても子どもから「トイレへ行きたい」と言うようになった時が、チャンスです（長時間のドライブの前などに、「トイレ行っておいで」と優しく促す必要がある場合は、別ですが）。何歳で卒業しようとも、おむつなし育児をしたことは正しかったと言えるのです。あなたは使うおむつの量を減らせたわけですし、子どもも、排泄の身体感覚を失わずに成長できたのですから。

「卒業」という言葉を嫌ったり、「おむつなし」がトイレ・トレーニングの1つの方法だと誤解されるような表現を嫌う親もいます。彼らは、おむつなし育児を「進んだり止まったりしながら、ゆっくり自然なペースで進めるプロセス」と表現し、だからこそ、「卒業」というコンセプトを持つことで、親と子の両方にプレッシャーを与えてしまうのではと心配します。私はそうした気持ちを十分理解していますが、それでもあえて、「卒業」という言葉を使っています。それは、おむつなし育児について説明する時に、一般的な言葉を使う方が誰にとってもわかりやすいし、おむつなし育児をよく理解してもらえれば、それはゆっくりとした自然なプロセスで、競争するような気持ちは必要ないことを、わかってもらえると信じているからです。

全ての子どもの「排泄の自立」への道は、ひとりひとり様々です。おむつなし育児を実践する親として、あなたのお子さんを必要に応じて優しく楽しくサポートしながら、一緒に歩んでいって下さい。おむつなし育児の経験は、色々な意味で、あなたの子育てに対する考えや態度を映し出してくれます。子育ての最初のステージでおむつなし育児を経験することで、これから続く長い子育ての旅の中で色々な出来事に対処していくための、素晴らしい基礎体力がつくのです！

おむつなし育児は、あなたが自分自身を振り返って成長する機会を与えてくれます。おむつなし育児を通じて、子どもに対する適切なサポートの仕方を学び、子どもを認め、受け入れ、ひとりひとりの子がみんな違っていて、それを素晴らしいことと思えるようになるのです。

《「卒業」に対する考え方》——NPO「おむつなし赤ちゃん」の共同創設者　ラケル・ミルグルーム

私がおむつなし育児から学んだことは、全ての子どもは、その子に合ったスピードで成長していくということです。私は2番目の息子が生まれた時から、「フルタイム」でおむつなし育児を始めました。そして2歳半になった時に、やっと下着におもらしをしなくなったのです。さらに、出かけるときに「予備の着替え」を持ち歩かなくてもよくなったのは、満3歳になってからでした。子どもが排泄コントロールを学ぶことは、他のスキルを学ぶことと同じです。親ができるだけ一緒にやってあげることで、子どもにも親にも、より多くの恩恵をもたらします。私の子どもがおむつなし育児としては比較的遅い時期までおもらししていた経験を通じて、私たちの社会の「常識」である「早ければ早いほどよい」というメンタリティーから離れてみる必要があることを学びました。息子の「発達スピード」を受け入れたことで、私は精神的、情緒的にとても成長できて、「子どもと私自身に対する期待」というプレッシャーから自由になれた気がします。そして息子は、彼に最も適したスピードで、「おもらししない」状態に到着したのです。

《親が語る！「卒業」への道のり》

おむつなし育児を実践する多くの家庭にとって、ゴールはトイレ・トレーニングの終了ではありません。子どもが出すシグナルを察知してそれに応えてあげることが目的なのです。それは、とてもリラックスしていて、プレッシャーもなく、一般的にトイレ・トレーニングで感じるようなストレスを経験することもありません。ちょうど「母乳オンリー」から、「離乳食」へ、そして、最終的に「1人で食べられるようになる」という自然のゆっくりしたプロセスと同じです。

—メーガン、2歳6カ月児ノエミの母

息子が2歳近くになった頃、ウンチは「見逃し」なしでおまるやトイレでできていました。でもオシッコはちょっと違いました。いつも、している最中か、した後で教えてくれるのです。だから、キャッチするのと同じ回数くらい、「見逃し」もありました。私は、なんだか結局とても長い間おむつなし育児をやっている気がして、だんだん心配になってきました。それは自分でも知らないうちに、「2歳までに卒業させたい」という気持ちが強くあったからだと思います。だから息子のオシッコにだんだん神経質になって、イライラを感じ取った息子は、とうとうオシッコを教えてくれなくなりました。私は、「退行」を始めた息子にさらにいらだちを覚えるようになりました。そのうち、「これではまずい」と思い始め、オシッコだけではなく、育児の他のこと（言葉や運動能力など）についても、「成り行きに任せよう」と気持ちを切り替えるようになりました。それで、「息子にオシッコが出るかどうか聞くのをやめる」「オシッコが出ていないかパンツをチェックするのをやめる」「おまるを勧めるのをやめる」ことにしました。すると1カ月もたたないうちに、再びオシッコが出たら教えてくれるようになりました。やがて、かなり確実に、前もって教えてくれるようにもなりました。最終的に2歳と1カ月で、卒業できたのです。

—ステーシー、2歳6カ月児オルランドの母

マーガレットが1歳4〜5カ月の頃、私がオシッコに誘うと、すごくしたい時もイヤだと言って、その数分後におもらしするようになりました。彼女が自分でトイレに行くのを決めたがっていると気づいてから、私が誘わなくなると、数週間はおもらしが続きましたが、その後は、私に尋ねたり

助けを求めたりすることなく、自分でトイレに行ってちゃんとできるようになりました。

——アマンダ、3歳児マーガレットの母

旅の終わりは、もう1つの旅の始まり

やがて、あなたのお子さんは「排泄の自立」が完了し、おむつなし育児の日々も遠くへと過ぎ去っていきます。おまるや、トレーニング・パンツや、フリースのパッドも必要なくなって、ちょっと淋しい気分でそれらを片づけることになるでしょう。繰り返し言いますが、お子さんが何歳でおむつがはずれるかは、どうでもよいことなのです。そこまでの旅そのものが、あなたとお子さんにとって、すばらしい感動に満ちた経験なのです。あなたはお子さんに対して、責任を持ってそこにいてあげて、お子さんが伝えようとすることに対し、心を開いて受け止めてあげてきました。この経験を通じて築き上げた信頼感とコミュニケーションという宝から、あなたとお子さんは、これからも多くの恩恵を受けていくことでしょう。おめでとうございます！

9 特別な事情をかかえている方のためのおむつなし育児

この章を読んでいらっしゃる方は、この本で紹介してきた一般的なご家庭に比べると、少し異なる特別な事情をかかえていることとお察しします。お子さんが早産で生まれたとか、お子さんにハンディキャップがあるとか、大きい赤ちゃん（2～3歳児）におむつなし育児のやり方でトイレ・トレーニングを希望しているといった様々な事情です。あるいは、日中外で働いているので赤ちゃんは保育園等で預かってもらっているとか、双子の赤ちゃんがいるとか、年の近い上のお子さんがいて、今まさに一般的なトイレ・トレーニングをしているけれど、下の赤ちゃんにはおむつなし育児をしたい、というケースもあることでしょう。そのような方は、ぜひこの章をお読みいただき、何かヒントを得ていただけると嬉しいです。

親が働いている場合

私がいつも親に伝える重要なメッセージは、おむつなし育児は、どのようなやり方でも可能だということです。だから、これまでの章で、「パートタイム」や「時々やる」というオプションについて繰り返し説明してきました。特にこれから始めようと思っている方に、プレッシャーを感じることなく、「おむつなし育児は誰にでもできる」と理解してほしかったからです。言うまでもなく「パートタイム」は、働く親にとって最適の方法だと思います。

仕事を持っていておむつなし育児をする多くの親は、排泄の世話をしながら子どもと一緒に過ごす貴重な時間に、子どもとの深いつながりを築くことができると報告しています。日中、お子さんの世話をしてくれる人がオープン・マインドな人だったら、その人なりのやり方で、おむつなし育児をお願いするのも可能でしょう。平日や昼間は普通におむつをつけて、夜や週末だけやっている場合もあります。

働く親によっては、赤ちゃんと過ごす時間だけ、「フルタイム」を実践している人もいます。家で一緒に過ごす貴重な時間だけは、できるだけよい状態で赤ちゃんを育ててあげたいと希望するからです。また、可能な範囲で働き方を調整するケースもあります。育児休暇をできるだけ延長してなるべく長い時間おむつなし育児をできるようにしたり、夫婦の間で労働時間をやりくりして、生後数カ月は、夫婦のどちらかが常に赤ちゃんと一緒にいてあげるようにしたり、あるいはランチタイムに赤ちゃんの世話ができるようにアレンジしたり……など色々です。

ところで、この本の「親が語る！」のところで生の声をご紹介してきた親の多くは、実は両親とも仕事を持って働いていらっしゃる家庭がほとんどです。もう一度それらの「声」に目を通されるのもよいかと思います。

《親が語る！　夫婦共働きの場合》

私たち夫婦は2人とも、なるべく同じように赤ちゃんにオシッコ・ウンチをさせる努力をしていました。それが、夫婦共働きで「おむつなし」を成功させる秘訣だと思います。他の成功の秘訣は、とにかくできるだけたくさん「おむつなし」をやることです。赤ちゃんと家で過ごす時間は、なるべく「おむつなしタイム」にしていました。「おむつなし」をやればやるほど、ずっとおむつの中でさせるよりも、おまるやトイレでさせる方が簡単なことがわかってきました。

フェリックスが生後7カ月〜1歳の間、保育園に預けていた時も、私たちの毎日の生活リズムはずっと同じでした。朝は出かける前に夫がフェリックスにトイレでオシッコをさせて、その後、保育園まで送り届け、到着すると園のトイレでさせ、おむつをつけてあげて、仕事に出かけます。私は昼休みの休憩時間に保育園に行って、おむつをチェックしてすぐ替えてあげて、授乳して、トイレに連れて行って、また仕事場に戻ります。仕事が終わると、保育園にお迎えに行き、おむつをすぐにはずして、お尻をきれいにしてあげて、授乳して、トイレに連れて行きます。トイレに連れて行っても出ない場合でも、とりあえず連れて行きました。フェリックスに、オシッコがしたければ、いつでもトイレでできるのだということを教えたかったからです。保育園から戻る時は、ラップタイプのおんぶひもでフェリックスを背中におんぶして、地下鉄に乗って帰宅しました。家に着くとすぐ、背中から降ろしてトイレにささげました。5カ月間こんな感じで過ごしましたが、おんぶしている間にフェリックスが私の背中でオシッコ・ウンチをもらしたことは一度もありませんでした。とにかく家に戻るとすぐにトイレに連れて行ってそこでさせていました。

フェリックスがもう少し大きくなった頃、保育園があまり彼に向いていないと感じるようになり、家庭保育してくれる人を探し始めました。私はやはりどうしても、おむつなし育児をしてくれる人に子どもの世話を頼みたかったのです。フェリックスの排泄サインに、愛情と責任を持って応えてくれる人に見てほしくて、15人くらいの候補者に電話面接した結果、興味を持ってやってくれそうな人を見つけました。フェリックスが1歳3カ月の時に、家庭保育に切り替えて、それ以降はずっとこの方に世話してもらっています。彼女はとても早くやり方を学んでくれて、フェリックスとの信頼関係を築いてくれたようです。

―カレン、1歳5カ月児フェリックスの母

《働くお母さんからのヒント》

ローラ・ハミルトンは、1歳10カ月児のジュリアンのお母さんです。働くこととおむつなし育児の両立について、初心者向けヒントを書いてくれました。

★まず、朝、赤ちゃんが起きた時にトイレでさせました。その後は、仕事に出かけるまでの時間、「赤ちゃんがしたそうかな……」と思うたびに、トイレに連れて行きました。週末には「おむつなしタイム」を作って、赤ちゃんがどのくらいの間隔でオシッコするのかよく観察しました。

★保育園に着いたら、トイレに連れて行きました。夕方お迎えに行った時も、まずトイレに連れて行きました。こうすることで、家に帰るまでの間、おむつを汚されずに助かりました。息子はこのやり方で、一度も混乱することなく成長しました。息子は、お母さんは彼をトイレに連れて行くけど、保育園の先生は連れて行かないのだということを、はっきり理解していた様子です。

★朝起きがけのオシッコ以外にも、おむつを交換するたびに、おまるにささげていました。このやり方は、「パートタイム」おむつなし育児中で、とりあえずはおむつをつけさせている場合に、とてもよい方法です。おむつを交換した直後にオシッコ・ウンチをされるという、よく起こる悲劇を防ぐことができます。

★家では、おむつカバーなしで布おむつ（あるいはトレーニング・パンツか普通の下着）をつける方法もよいと思います。オシッコしたことがすぐわかるからです。赤ちゃん自身も、オシッコが出たことをすぐに理解できます。万が一の時に備えて紙おむつも使っていましたが、1歳くらいになった頃には使うのをやめました。紙おむつをさせていると、息子の排泄のサインを私が無視してしまうのです。まあでも、あなたにとって、一番無理のない方法がいいのですから、とにかくリラックスしてやってみて下さい。万が一のために、おむつをしたっていいんですよ！　ただ、なるべく定期的におむつをはずして、おまるに座らせてあげてみて下さい。

★赤ちゃんに、ゆるめのスウェットパンツか、その他なんでも簡単に脱がせられるものを着せておくと、おまるでさせるのも簡単です。足から首までつながっている服は、いちいち脱ぎ着させるのが大変なので、ついつい、おむつがオシッコで一杯になるまで放置してしまうのです……。

……と、まあこんな感じで書いてくれました。おむつなし育児は簡単で、誰にでもできます。「フルタイムでやるか、全然やらないか」ではなくて、やり方も色々です。明日の朝、おむつを替える時に、赤ちゃんをトイレかおまるにささげてみて、その後何が起こるか様子を見てみませんか？

早産した赤ちゃんの場合

NPO「おむつなし赤ちゃん」のメンター（助言者）は、赤ちゃんを早産した親から、「おむつなし育児は可能なのでしょうか？」という問合せを受けることがよくあります。もちろん、答えは「イエス」です。一般的なルールは、退院して家に帰ってから、あるいは本来の予定日を過ぎてから、おむつなし育児を始めるということです。早産の赤ちゃんは、生まれてすぐは新生児集中治療室（NICU）で過ごすので、家に戻るまでは、おむつなしは難しいし、必要ないのです。赤ちゃんとあなたの準備ができたら、この本の各章に書いてある内容に沿って始めて下さい。

インド人の友人が教えてくれたのですが、多くのインド人は、赤ちゃんの首がすわるようになると、おむつなし育児を始めるそうです。だから、早産だった私の赤ちゃんも、それくらいの時期から始めました。別の言い方をすると、本来の出産予定日から2カ月過ぎたくらいから始めたということです。

—アスミラ、1歳4カ月児ベーダの母

双子（あるいは3つ子、4つ子……）の場合

双子の赤ちゃんを持つ親からも、おむつなし育児ができるのか相談を受けます。このような方は、2人の赤ちゃんとよいコミュニケーションをしたいとか、2人の子どもに一般的なトイレ・トレーニングを同時にするのをできれば避けたい、という希望を持っています。また、双子の赤ちゃんにかかるおむつの費用をできるだけ安く抑えたいという希望もあります。

普通、「双子の赤ちゃんにおむつなし」と考えると、大変そうで、やる気が失せるものです。でも私は、双子の赤ちゃんでも、おむつなし育児がうまくいっている家族をいくつも知っています。実際、私が初めて目にしたおむつなし育児は、双子の赤ちゃんに対するものでした。90年代

の終わりに、私が留学していた日本（岐阜県）で、ホストファミリーの家族が、生後3カ月になる双子の孫を、1人ずつ、「シーシー」と声をかけながら洗面器のようなものにささげてオシッコをさせていたのです！　すごくびっくりしました！　彼女は、とても自然に双子の赤ちゃんと排泄コミュニケーションしていました。

双子の赤ちゃんのおむつを毎日替えることと、双子の赤ちゃんに「パートタイム」おむつなし育児をすることを比べると、労働量においてそんなに大きな違いはありません。もちろん、1人の赤ちゃんと2人以上では状況が異なりますので、あなたに無理なくできるのはどの程度のことかを見極める必要はあります。だから、この本を通じて、あなたの状況に一番合ったおむつなし育児をしましょう、と私は言い続けているのです。

親しい友人のエミリーは、双子の赤ちゃんにおむつなし育児をしています。最初彼らが生まれた時、私は、「すぐにおむつなし育児を始めなきゃみたいな、プレッシャーを感じる必要はないのよ。おむつなし育児のチャンスは今じゃなくても、近い将来にもあるんだから」と話しました。本当にそのとおりだからです。そして、気軽な感じで軽くやっているうちに（例えば、おむつにウンチをしている最中に「ウーン」という合図を出してあげるとか、赤ちゃんたちの排泄パターンを気をつけて観察してみるとか……などなど）、おむつなし育児を本格的にできるチャンスは必ずやってくるだろうという自信ができてきたと彼女は言っています。

双子の赤ちゃんにおむつなし育児をする場合、2人は別々の人格であり、2人の成長のスピードも異なることを十分理解して行なうことが大切です。双子の赤ちゃんは、それぞれのスピードで様々な段階を通過して、最終的に卒業していきます。そのことを忘れずにいれば、双子の赤ちゃんが「お互いに比較されている」というプレッシャーを感じないで済むでしょう。ひとりひとり別々のおまるを用意してあげて、ひとりひとり順番に、あるいは別々におまるにささげるように気をつければ、あなたが1人の赤ちゃんに合図を出していても、もう1人の赤ちゃんが混乱することもないでしょう。そして、成長していくほどに、こうした混乱はなくなっていきます。

《親が語る！　双子とおむつなし育児》

私は双子の娘におむつなし育児をしました。最初は、本当にできるのかと不安でした。双子の娘は、性格も体つきも全然違います。サメレットは、何かが気に入らないと激しく泣く子で、モリアーは状況をじっと観察するタイプで、サメレットよりもやや早熟です。モリアーは立ってオシッコすることが多く、出た後で私のところへやってきます。サメレットはオシッコをしたくなると泣いて私のところへやってくるので、オシッコをキャッチしてあげられます。このように、2人とも全然違いました。でも、食事とか睡眠のリズムはとても似ていて、排泄に関してもそれは同じでした。1人がオシッコをすると、間もなくもう1人もオシッコする、という感じです。だから、1人が床にオシッコしてしまうと、すぐには掃除しないで、もう1人のオシッコの出るのを待ってキャッチする方法を習得しました。

双子のおむつなし育児は、簡単でもスムーズでもありません。1人の子の世話で忙しいと、もう1人の子に手をかけてあげられませんから。特に、生後数カ月はそうでした。でも、少し大きくなってくると、双子がお互いを真似して学び合ってくれるので、とても助かりました！　生後6カ月を過ぎると、一時、排泄のサインを出してくれなくなったことがあります。けれど、おむつかぶれの問題もあったので、かなり多くの時間「おむつなし」で過ごさせていました。今、生後9カ月ですが、綿かウールのパンツをはかせています。そして、排泄のサインもまた出してくれるようになりました。私たちはみな、完璧ではないけれど、おむつなし育児を通してコミュニケーションできて、互いに通じ合うことができるのです。それって、素晴らしいことだと思いませんか？

—ルシア、9カ月児の双子モリアーとサメレットの母

ハンディキャップのある子の場合

おむつなし育児は、ハンディキャップのあるお子さんにも有用で、私も実際に、そういうお子さんにおむつなし育児をして満足している何組かの親と話をしたことがあります。おかげで、排泄コントロールに関する身体感覚をキープできたとか、赤ちゃんと親のコミュニケーションがうまくいったのだそうです。おむつなし育児を実践する母親であり、ハーバード大学医学部で、ハンディキャップのある子どものケアについて教えている小児科医のエミリー・ダビッドソンは、「なんらかのハンディキャップのある子どもの場合、成長のプロセスが健常児のようにはいかなくて、非常にわかりにくいものです。だから、一般的なトイレ・トレーニングの方法を適用することが難しいケースが多いです。歩いたり、話したりできない子どもは、他の色々なことも健常児と同じようにはできないので、別のアプローチをする必要があります。一般的に、ハンディキャップのある子の親は、子どものことをよく観察しているので、子どもの欲求についてもよく察知しています。だから多分、ハンディキャップのあるお子さんを持つ親は、ご自身が考えているよりももっと早い時期に、おむつなし育児を始めることが可能かもしれません。お子さんが自分の体について学び、その一部をコントロールできることを学ぶのを、あなたが手伝ってあげられるのです」と言います。

ダビッドソンはまた、「おむつなし育児について一般的に正しいと思われていることは、ハンディキャップのあるお子さんにとっても、正しいことなのです。だから、おむつはずしの期限を設けず、成功することにこだわらずに、とにかくやってみて下さい。お子さんが、トイレを使いたい時が自分でわかるようになるよう、導いてあげて下さい」と言います。

《親が語る！　ハンディキャップのある子とおむつなし育児》

ハンディキャップがあって、車イスで生活していたり、言葉が話せないお子さんは、一生おむつをしていることが珍しくありません。息子のエイダンは、脳性まひなので、普通の子よりももっと大きくなるまで、排泄の完全な自立ができないかもしれません。でも、おむつなし育児のおかげで、排泄に関する身体感覚を維持できていて、とても嬉しく思っています。おむつなし育児はまた、エイダンと私たちのとてもよいコミュニケーションの機会としても役立っています。彼はボディ・ランゲージやサインを使って教えてくれるので、私は彼がトイレへ行きたいことがよくわかるのです。

—パメラ、2歳児エイダンの母

3番目の子どもジョナサンは、ダウン症です。中国に住んでいたので、中国人のやり方をよく観察して、自分たちなりに応用して子育てをしていました。私たち夫婦は2人とも外で働いていたので、ジョナサンの世話をしてくれる中国人のベビーシッターを雇いました。2〜3週間の間に、ジョナサンは「シーシー」と聞くとオシッコが出るようになりました。ジョナサンは全身の運動機能の遅れがあったので、まだ、歩いたり、トイレの便座に登ったりすることができず、だから、私たちが彼を定期的にトイレへ連れて行っていました。トイレで楽しく過ごすことを、彼は気に入っていました。ジョナサンが1歳の頃には、トイレで定期的にオシッコ・ウンチすることを習得していました。彼の姉や兄は、2歳か3歳になるまではそんなことはできなかったので、それを思うと、ジョナサンは、他の面では遅れていることもあるけれど、排泄に関してはとても進んでいて、このことは大きくなっても彼によい影響を及ぼすだろうな、と思います。

—ランディーとカレン、2歳児ジョナサンの両親

大きい赤ちゃん（2～3歳児）の場合

おむつなし育児は小さい赤ちゃんほどスムーズに行なうことができます。でも、現実的には、多くの親は、子どもが一般的なトイレ・トレーニングをする年齢（2～3歳）になった時に情報を求めて、NPO「おむつなし赤ちゃん」にコンタクトしてくるケースが多いです。それくらいの年齢になった子どもは、小さい赤ちゃんよりもずっと自我が発達していて反抗することも多いけれど、でもやっぱり愛らしくて、尊敬すべき対象であり、気持ちもよく通じます。おむつなし育児の方法の多くは、小さい赤ちゃんのためのものですが、この考え方を大きい赤ちゃんに応用することも可能です。

この本の6～7章の、大きい赤ちゃんに対する方法をもう一度読んでみて下さい。小さい赤ちゃんと一番異なる点は、「おむつなし（あるいは布おむつかトレーニング・パンツ）タイム」を設けて、赤ちゃんに、オシッコが出るとはどういうことなのか、経験させてあげることです。これが、大きい赤ちゃんに対する最初のステップです。2年も3年もおむつの中だけにオシッコをし続けてきた赤ちゃんにとっては、オシッコが出るという感覚を感じなくなっている可能性があります。この感覚を、数日かけてまず取り戻すことが必要です。もしも、家中をオシッコ・ウンチで汚されることを心配するのでしたら、戸外にいる間だけやってみるとか、決まった日数だけとか、決まった場所でのみやるとか、方法は色々あります。

もちろん、一番大切なのは「コミュニケーション」で、それは大きい赤ちゃんにする場合でも同じです。子どもに「シーシー／ウーン」の合図とトイレに行くことが関係あるのだ、ということを教えてあげて下さい。

生まれて以来ずっと、おむつの中でオシッコ・ウンチをしてきた子どもにとって、その行動を突然変えることはすごくストレスで難しいということを、よく理解してあげて下さい（もちろん、そうでない場合もあります）。とにかく、そんな子どもの気持ちに寄りそってあげて、オシッコやウンチをするにはどの筋肉をゆるませるかといった身体感覚を取り戻すには、それなりの時間がかかるのだということをわかってあげて下さい。

おむつの中でずっとウンチをしてきた大きい赤ちゃんがトイレでできるようになるのは、とても難しいことです。おまるやトイレでしたくない気持ちが強くて便意をがまんすると、便秘という悪いサイクルにはまってしまって、便通が苦痛になり、さらにがまんするようになって、トイレが嫌いになってしまうこともあります。こういう場合は食事に気をつけて、まずは便秘を改善してあげましょう。おむつからトイレという、大きな変化に戸惑って抵抗していることを十分理解して、赤ちゃんのペースを尊重してあげて、なるべく快適に進めましょう。あるいは、おむつをしたままでトイレに座らせてみるのも、悪くないアイデアです。赤ちゃんに、いつも排泄についての話をしてあげて、準備ができそうだったら、おまるを勧めてみましょう。

そして、トイレで過ごす時間があなたとの楽しい触れ合いの時間になるよう、工夫してあげましょう。あなたは赤ちゃんを手助けするためにそばに寄りそっているということを、わからせてあげましょう。とにかく、あなたがリラックスしていることが大切です。

大きい赤ちゃんは、自分でお気に入りのおまるや、下着を選ぶことも好みます。グッズ選びにも、積極的に参加させてあげましょう。

私たちはチャーリーが生後9カ月の時からトライしました。でも、彼が排泄感覚を身につけるまで、長く続けることができませんでした。おまるには座ってくれたのですが、一度もその中でることはなくて、あきらめてやめてしまったのです。彼が3歳になった時、おまるに再びトライしました。おまるに座ってはくれましたが、やはり出ませんでした。だから、毎日、朝食後に、彼に綿のパンツをはかせてみました。それから、彼がパンツでオシッコをするたびに、「キミは今、オシッコをしているんだよ」ということを話して聞かせました。そのうち、オシッコが出ることと、膀胱

の筋肉をゆるめる感じがわかってくると、おまるでしてくれるようになりました。

――ラリー、3歳児チャーリーの父

2人の子どもに同時にする場合

上の子に一般的なトイレ・トレーニングをしていて、同時に、下の子にはおむつなし育児をしている……というケースが少なくありません。慣れないうちは、同時期に2人の子にするのはものすごく大変そうな気がしますが、実際にやってみると、2人同時にできることには、色々な利点があることに気づきます。上の子は、弟/妹もおまるを使っていることを知ると、かなり刺激されてモチベーションが上がり、おむつはずしが進みます。そして、弟/妹のおむつなし育児を、手伝ってくれます。おまるを運んだり、「シーシー」の合図を出してくれたりするのです。このようなことを通じて、上の子と排泄について色々と話すこともできます。できるだけたくさん、おまるや排泄について話をしてあげるといいでしょう。そのうち、赤ちゃんが大きくなってくると、上の子と並んで楽しくおまるに座るようになります。

《親が語る！　2人の子どもとおむつなし育児》

私はおむつなし育児を知る前から、なんとなく直感で生後7カ月の息子におまるでさせていました。でも、その時はほんの数週間だけやって、それでやめてしまいました。知り合いに、「そんな小さい赤ちゃんはまだ準備ができていないのだから、おまるなどでさせるのはよくない」と批判されて、なんだか怖くなってしまったからです。でも、たった数週間でも、この経験は息子の中に残っていたみたいです。結局息子は2歳の誕生日を迎えた時に、下の妹がおまるでしているのを見てよい刺激を受けたのか、すぐにおむつがはずれました。妹は生後3カ月からおむつなし育児でした。

—キャリー、3歳児コンナー、1歳5カ月児リレーの母

終わりに

この本を読んでおむつなし育児を始めた方、おめでとうございます！　あなたが今、どのくらいの期間やっているか、あるいは、どのようにおむつなし育児を生活に取り入れることにしたか

にかかわらず、始めた方全てに、心からの祝福を贈ります。

他の子育てに関することと同様に、おむつなし育児もバランスよく実施することが必要です。毎日の生活の中であなたは、お子さんのニーズと、家族のニーズと、あなた自身のニーズのバランスをとって暮らしていますよね。おむつなし育児は、あなたとお子さんがより幸せになるための、とても貴重なチャンスをもたらしてくれるものです。人生最初の乳児期は、それがほんのつかの間のものであるからこそ、限りなく愛しく貴重な時間です。

全ての子どもも全ての家族も、みんなそれぞれ違います。だから、おむつなし育児のやり方も、それぞれで違っていいのです。とにかく、リラックスして、困ったり悩んだりしたら外にサポートを求め、あなた自身を育て、あなたの赤ちゃんの声を聴いてあげれば、必ず喜びと幸せがいっぱいの道を歩むことができます。おむつなし育児を通じて、あなたのお子さんの声を聴き、応えてあげて下さい。そうすることで、「子育て」という長い冒険の旅を、自信を持って歩んでいくための大切な基礎ができていくことでしょう。

訳者あとがき

２００８年８月に、すごい本がアメリカから届きました。私がずっと探していた、「おむつなし育児」に関する正確で詳細なノウハウが書かれている本でした。そこには単なるノウハウだけでなく、おむつなし育児で本当に大切なこと――赤ちゃんの体と心の声を聴き、赤ちゃんの自然な欲求に愛情と責任を持って応えてあげることの大切さと素晴らしさ――も、大変わかりやすく書かれてあったのです。さらに私が感動した点は、「誰でも、どんなやり方でも、おむつなし育児ができるのですよ」という愛情深いメッセージが、本全体にあふれていたことでした。この本こそが、津田塾大学の三砂ちづる教授が始めたおむつなし育児研究（「赤ちゃんにおむつはいらない―失われた身体技法を求めて」２００６年度トヨタ財団「くらしといのちの豊かさを求めて」研究助成）中に、研究メンバーの１人である私が出合った１冊、*The Diaper-Free Baby: The Natural Toilet Training Alternative* だったのです。

その頃私たちは研究の一環として、妊娠中から生後半年くらいまでの赤ちゃんを持つお母さんたち40名ほどを募り、「おむつなし育児＝なるべくおむつの外でオシッコ・ウンチをさせる育児」

に試験的に取り組んでもらっていました。日本では、ソニー創業者の井深大氏が創設した幼児開発協会において、「なるべくおむつの中で排泄させない育児」にトライしたお母さんたちの体験談をまとめた大変貴重な本『トイレット・コミュニケーションのすすめ（財団法人幼児開発協会企画室、1992年、現在絶版）』が存在していました。しかし、「誰でも、どんな形でもできる」という点を強調し、「おむつなし育児」の具体的ノウハウや、うまくいかない時の対処方法までカバーしている本はまだありませんでした。そのため、私たち研究チームのお母さんたちには、ほとんど手探り状態の中で「おむつなし育児」にトライしてもらっていたのです。そして、数カ月間トライしたお母さんたちの報告から、「おむつなし育児」は「普通の人にも可能」であり、「赤ちゃんと深いところでつながって、育児を本質的に楽しくしてくれる素晴らしい方法」であることがわかってきていました。そんな頃、この本と出合いました。

「日本語版へのまえがき」でも書かれているように、著者のクリスティンさんは、10年ほど前の日本留学中に岐阜県で「おむつなし育児」に出合っています。その後、アメリカに戻って自分の子どもが生まれたのをきっかけに、「おむつなし育児」に本格的に関わって、多くの人々をサポートしてきました。その豊かな経験と、ご自身のお子さんたちとの経験を元に生まれたのがこの本です。本書には、クリスティンさんがサポートしてきたアメリカのお母さん・お父さんたちの体験談がたっぷりと紹介されています。それら体験談は、昨年私たち研究チームが募集して「おむつなし育児」に試験的に取り組んでもらった日本のお母さんたちの体験談と、共通するところがたくさんあるのです。つまり本書で説明されているノウハウや考え方は、アメリカのみならず、日本や、あるいは他の国々でも共有されうる、非常に普遍的なものであると確信しています。

本書にもあるとおり、おむつなし育児は、生後半年くらいまでの間に始めると比較的スムーズに実践できます。しかし、核家族化した日本社会において、お父さんとお母さんだけでおむつなし育児を実践していくのは少々大変です。特に、赤ちゃんの排泄のサインやタイミングがわからなくなったりする時などには、サポートしてくれる人や情報がないと、挫折してしまうこともあります。そんな時にこの本が手元にあると、大きな助けになってくれるのです。

ある日突然おまるをイヤがる「おまるイヤイヤ期」の対処方法などは、おむつなし育児を実践する家庭が一番必要とする情報かと思います。クリスティンさんはこの点についても、具体例をもとに、的確なアドバイスを書いてくれています。さらに、1〜2歳を過ぎて「やや遅めのおむつなし育児」を始める家庭や、夫婦共働き、または早産や多胎児や障害のある赤ちゃんなどの「特別な事情」がある家庭での「おむつなし育児」についても、具体的方法や体験談などを紹介しています。

この本を参考に、それぞれの家庭で可能なやり方で、「おむつなし育児」を、ぜひ、気軽に実践してみて下さい。そして、「排泄」を通じて赤ちゃんとコミュニケーションをとることの素晴らしさを、ぜひ、体験してみて下さい。クリスティンさんが言うように、「失うものは、何もありません。いやなら、いつでもやめればいいのです」から。

さて、本書の翻訳作業は、とてもスムーズに進みました。第一の理由は、「全ての人におむつなし育児の素晴らしさを知ってほしい」と願うクリスティンさんの文章が、誰でもスラスラ読めるような、大変シンプルでわかりやすいものであったからです。第二の理由は、本書の内容が、日本で「おむつなし育児」にトライしたお母さんたちが報告してくれた「体験談」の内容と、ほとんど一致していたからです。例えば本書でよく出てくる「Potty Pause」は、直訳すると「おまるの一時休止」ですが、これもお母さんたちの体験報告の中で自然発生的に使われるようになっていた「おまるイヤイヤ期」という表現が、日本語として大変しっくりくるので採用させていただきました。赤ちゃんが出す排泄のサインについても、日米で共通するところがたくさんありました。例えば、「おんぶや抱っこされている時に体をモゾモゾさせる」「授乳中に乳首をくわえたり離したりする」「オシッコ・ウンチをしたくて泣く」などがよい例です。

この翻訳作業を含め、日本語版の刊行までには、大変多くの方々のお力をいただきました。おむつなし育児の研究を立ち上げた津田塾大学の三砂ちづる教授と研究チームのみなさん、研究を助成して下さったトヨタ財団、「おむつなし育児」にトライして下さったお母さんたちとNPO法人自然育児友の会、私をクリスティンさんに引き会わせて下さった寺田麻衣子さん、情熱を持って日本語訳出版に奔走して下さった柏書房の中野葉子さんに、心から感謝いたします。どうもありがとうございました。

2009年4月

和田知代

おむつなし育児　お役立ち情報

＊情報は2009年5月現在のものです
By Christine and Tomoyo

グッズのサイト

（布おむつ、下着、服、抱っこ／おんぶひもなど）

【日本】

マザリングマーケット

www.mothering.jp

NPO 法人「自然育児友の会」のネットショップ。自然な育児や暮らしを楽しむ人のためのグッズを扱っています。おむつなし育児関連グッズ（ホーロー製おまる、抱っこ＆おんぶひも、衣類、おむつ、トレーニングパンツなど）が購入できます。

あっぷっぷ

www.appuppu.ocnk.net

布おむつを中心に揃えているネットショップ。この本でも紹介されているファジバンズやプレフォールドなど海外のおむつや、ベビーレッグス（赤ちゃん用レッグウォーマー）、ホーロー製おまるも扱っています。

Dreamnappies.com 「布おむつ」のお店

www.dreamnappies.com

赤ちゃんに快適で、楽しみながら布おむつ育児ができることをコンセプトに、この本でも紹介されている、海外の便利でかわいい布おむつや、その他おむつなし育児用のベビー商品を取り扱っています。

アカチャンホンポ

www.shop.akachan.jp

アカチャンホンポの「イージーチェンジ」と呼ばれるパッド式おむつは、著者が日本で出産した第3子のおむつなし育児に使用し、大変重宝しました。米国でおむつなし育児を実践する友人たちへのお土産としても、喜ばれています。１回分のオシッコが吸収できて比較的薄いので、洗濯してもすぐに乾きます。

【海外】

The EC Store

www.theecstore.com

布おむつ、トレーニングパンツ、下着、服、股割れパンツや、ベビーレッグス、Babybjörn のおまるや幼児用補助便座、Babywunder の透明おまる、おまるカバーなどなど、たくさんのおむつなし育児グッズが揃っています。

BABYWORKS

www.babyworks.com

布おむつやトレーニングパンツ、ウールの敷きパッドを扱っています。

DiaperWare

www.diaperware.com/productpage/diaperware.htm

布おむつや、布おむつ関連グッズの品揃えが豊富です。

Underthenile

www.underthenile.com

オーガニックコットンの布おむつやトレーニングパンツを揃えています。

Hanna Andersson

www.hannaandersson.com

小さい赤ちゃんサイズの下着やトレーニングパンツを揃えています。

FuzziBunz

www.fuzzibunz.com

本文中でも紹介している FuzziBunz のポケットタイプ布おむつが購入できます。

Kissaluvs

www.kissaluvs.com

フィット型（スナップタイプ）のコットン布おむつが購入できます。

Bumkins

www.bumkins.com

一体型（オールインワン）の布おむつが購入できます。

BabyLegs

www.babylegs.net

ベビーレッグスを開発した人のウェブサイト。

DiaperFreeBaby Shop
www.diaperfreebaby.org/shop
DiaperFreeBaby™ のネットショップ。

EC Wear
www.ecwear.com
股割れパンツなどのおむつなし育児用ベビー服を扱っています。

Noonee Wilga
www.nooneewilga.com
OneWet Pants（おしっこ１回分パンツ）と呼ばれるトレーニングパンツを扱っています。低い月齢からおむつなし育児を実践している赤ちゃんのために、「ウエスト、ヒップ、太もも、また上サイズ」を測ってオーダーするシステムです。

Continuum Family Store
continuum-family.com
自然派子育て関連グッズ、おむつなし育児グッズを扱っています。

FleecE-C
www3.sympatico.ca/ramonalisa/FleecE-C.html
おむつなし育児用フリースウェアを扱っています。

Kangaroo Korner
www.kangarookorner.com
Peppermint
www.peppermint.com
スリングとベビーキャリーを扱っています。

TheBabyWearer
www.thebabywearer.com
抱っこ／おんぶひもオンライン情報サイト。

Baby Service
www.nineinnineout.org
赤ちゃんの抱っこ／おんぶひも総合情報サイト。

情報とサポート・グループのサイト

【日本】

おむつなし育児研究所

www.omutsunashi.org

おむつなし育児に関する総合的な情報を掲載しています。

ＮＰＯ法人「自然育児友の会」

www.shizen-ikuji.org

ネットを利用した「おむつなし＆おっぱい育児メールサポート」講座をやっています。また、毎月１回、事務局（東京都国分寺市）にて、布おむつとおむつなし育児お茶会を開くほか、全国各地の育児中の会員の集いの場「お茶会」でもおむつなし育児を取り上げています。詳細は「自然育児友の会」までお問合せ下さい。

mixi「おむつなし育児」コミュニティ

mixi.jp/view_community.pl?id=3890462

おむつなし育児に関する質問や疑問に対し、経験者からアドバイスや情報をもらえます。（注：mixi の会員限定です）

【海外】

DiaperFreeBaby™

www.diaperfreebaby.org

著者も創設に関わったアメリカの NPO のウェブサイト。

Infant Potty Training

www.timl.com/ipt

おむつなし育児のための DVD やテキストを取り扱っています。

Natural Wisdom

www.natural-wisdom.com

自然派の育児情報サイト。

Pottywhisperer

www.pottywhisperer.com

ラウリー・バウックも協力しているおまるの使い方サイト。

American Sign Language Browser

www.commtechlab.msu.edu/sites/aslweb/brower.htm
アメリカの手話サイト。「トイレ (toilet sign)」の手話は「T」の項目にあります。

Yahoo! Groups Elimination Communication

groups.yahoo.com/group/eliminationcommunication
Elimination Communication（排泄コミュニケーション＝おむつなし育児）のディスカッション・グループ。

Yahoo! Groups Natural Infant Hygiene for Newbies

groups.yahoo.com/group/naturalinfanthygiene
Natural Infant Hygiene（赤ちゃんの自然な排泄）のディスカッション･グループ。

Yahoo! Groups IPT for Late-Starters

groups.yahoo.com/group/iptlatestarters
遅い月齢（6カ月以降）におむつなし育児を開始した赤ちゃんのためのサポートグループ。

本&DVD ＊洋書の日本語版は現在ありません

Ingrid Bauer, *Diaper Free: The Gentle Wisdom of Natural Infant Hygiene*, NY: Plume (Penguin), 2006

Laurie Boucke, *Infant Potty Basics: With or Without Diapers... The Natural Way*, Lafayette, CO: White-Boucke Publishing, 2003

Laurie Boucke, *Infant Potty Training: A Gentle and Primeval Method Adapted to Modern Living*, Lafayette, CO: White-Boucke Publishing, 2002

アズマカナコ『布おむつで育ててみよう』文芸社、2009

三砂ちづる編著『赤ちゃんにおむつはいらない　失われた身体技法を求めて』勁草書房、2009

DVD「おむつなし育児─家族みんなで！もっと楽しく！」三砂ちづる監修（おむつなし育児研究所、2010）

クリスティン・グロスロー

Christine Gross-Loh
1968年生まれ。ハーバード大学博士号取得。フリーランスライター。2004年設立のNPO・DiaperFree-Baby™（おむつなし赤ちゃん）アドバイザーとして活躍中。現在、夫と3人の子どもと東京に在住。

和田知代（わだ・ともよ）

1962年生まれ。名古屋市立保育短期大学卒。名古屋大学大学院修士号取得。名港保育園にて保育士を経て、国際協力分野のNPO・HANDSやコンサルタント会社に勤務し、途上国の母子保健事業に従事。日本のおむつなし育児研究所所長。共著に『赤ちゃんにおむつはいらない』(三砂ちづる編著、勁草書房)。

おむつなし育児《いくじ》

あなたにもできる赤ちゃんとのナチュラル・コミュニケーション

2009年6月25日　第1刷発行
2017年3月25日　第3刷発行
著　者　クリスティン・グロスロー
翻訳者　和田知代
発行者　富澤凡子
発行所　柏書房株式会社
東京都文京区本郷2-15-13（〒113-0033）
電話（03）3830-1891［営業］（03）3830-1894［編集］

印　刷　萩原印刷株式会社
製　本　株式会社ブックアート

ISBN978-4-7601-3558-5

柏書房の本

**添い寝はアブナイ？
赤ちゃんは一人で寝かせるべき？
いったい、どっちが正しいの？？？**

世界一しあわせな子育て
クリスティン・グロスロー（著）　和田智代（訳）
四六判並製３００頁／ISBN978-4-7601-4352-8／定価（本体１８５０円＋税）

★“より良い子育てのあり方”について考える
★いろいろな国々の文化の中で、子どもたちの「生きる力」「創造性」「独立心」「責任感」「優しさ」といったものがどのように育成されているかを『おむつなし育児』の著者が比較し分析する